INTERVENCIONES

INTERVENCIONES

NOAM CHOMSKY

Haymarket Books
Chicago, Illinois

Primera edición en inglés: 2007, City Lights Publishers
© 2007 Noam Chomsky

Traducción al español de Josefina Anaya
Traducción © 2008 Siglo XXI Editores, S.A. de C.V.

Esta edición ha sido publicada en los Estados Unidos por Haymarket Books en 2008
Haymarket Books
P.O. Box 180165, Chicago, IL 60618
773-583-7884
info@haymarketbooks.org
www.haymarketbooks.org

Publicada con el apoyo financiero de Wallace Global Fund

ISBN 978-1931859-59-2

Impreso en Canadá

NOV   2008

ÍNDICE

ABRACADABRA

EDUARDO GALEANO

He aquí una prueba de que los grandes medios masivos de comunicación de los Estados Unidos no son tan omnipotentes como creen que son. Según ellos, Noam Chomsky no existe. Pero este fantasma tiene una enorme influencia sobre el mundo entero y su voz, su contravoz, se las arregla para llegar, también, a los jóvenes de su país, a pesar de la censura que quiere reducirlo al silencio.

Está condenado por hereje. Él comete el pecado de creer en la libertad de expresión. Quienes detentan la propiedad privada de la libertad de expresión, y la reducen a libertad de presión, le niegan el derecho a la palabra. Y así, lo elogian. Éste no es un intelectual domesticado, uno más entre los muchos del rebaño: con toda la energía de su razón, esta peligrosa oveja negra denuncia la sinrazón dominante, y desenmascara las hipocresías del poder que en nombre de la Democracia practica el matonismo universal.

Sospecho que Chomsky conoce la llave que abre las puertas prohibidas. Ha de saberlo por ser sabio en lingüística. Abracadabra, la mágica fórmula que se usa en el mundo entero, proviene de la lengua hebrea, abreq ad habra, y significa: "Envía tu fuego hasta el final".

INTRODUCCIÓN

PETER HART

Hay muchísimas maneras de estudiar los medios de comunicación de masas: comparar lo que se informa con lo que se omite o se sepulta en las últimas páginas, o analizar las fuentes y expertos que dominan los comentarios sobre acontecimientos importantes. Esa clase de trabajo contribuye a medir la distancia que hay entre la retórica de los ejecutivos de los medios y los grandes gurús, y lo que aparece en la página impresa o en la pantalla del televisor. Esa brecha entre los valores que los jerarcas de los medios corporativos dicen defender —una prensa sólida, escéptica y controversial— y el producto que venden, suele ser considerable, pero al parecer en los círculos de élite cuenta más rendirle un tributo verbal a los principios más apreciados de la libertad de expresión que vivir realmente de acuerdo con ellos.

Nada de raro tiene que en las secciones de comentarios de los periódicos pase lo mismo. Se repite hasta la náusea el compromiso de hacer llegar a los lectores un debate sin ataduras: "una gran variedad de voces y perspectivas", afirma un periódico; "una diversidad de opiniones que estimulen y promuevan el pensamiento de los lectores", dice otro. Un artículo académico describió la sección como un lugar "en el cual puede surgir, libre de ataduras, el discurso público, por mediación de un editor". El *New York Times* aspiraba a que fuese una página que "reflejase los grandes debates sociales, culturales y políticos del momento".

La mayoría de las páginas de columnas de opinión distan mucho de alcanzar tan elevados objetivos, aunque la definición de su misión del *Times* se acerca a la descripción de lo que realmente ocurre. En los periódicos de élite —los de mayor circulación, que ejercen más influencia sobre los poderosos (primordialmente el *Los Angeles Times*, el *Washington Post* y el *New York Times*— la página de opinión representa un lugar más en el cual se delinean con claridad los parámetros del debate aceptable. Lo que puede publicarse de manera regular está, obviamente, dentro de sus límites, y las ideas que nunca o casi nunca aparecen desde luego no lo están. Por eso el *Times* puede decir sin exagerar que su página, y muchas otras similares, "refleja" cierto tipo de debate público: el que toleran las élites de las clases políticas y los intereses corporativos. El debate que tiene lugar en el Washington oficial puede no parecerse demasiado al debate público real sobre cuestiones de importancia, pero es el que supuestamente cuenta y, por lo tanto, es el que aparece en el periódico. El campo relacionado de los gurús de la televisión —ese puñado de periodistas y comentaristas que se ganan la vida brindando medulosas parrafadas sobre casi cualquier cosa— padece, y no por casualidad, del mismo espectro muy limitado, y con frecuencia cuenta con las mismas personas para dar opinión y hacer análisis.

La página de artículos de opinión y la columna sindicada no son características especialmente nuevas de los medios de comunicación de masas, aunque su historia precisa es bastante oscura. El *New York Times* se atribuye el crédito de haber creado el formato, hoy tan familiar, en 1970: una página pareada con los editoriales del periódico, que incluye mayormente artículos redactados por autores ajenos al mismo. Como suele ocurrir en el mundo del periodismo de élite, otros grandes periódicos siguieron el ejemplo del *Times* y la página se volvió relativamente común en todo el país.

Si bien podemos considerar responsable al *Times* de haber hecho más popular el formato, parece poco probable que el periódico, como supone humildemente, hubiese "dado a luz una nueva criatura llamada página de opinión". (Así la definió el propio *Times* en 1990, bajo el modesto encabezado de "Todas las opiniones apropiadas para imprimirse".) Los especialistas David Croteau y Bill Hoynes, en la revista *Extra!* (junio de 1992), de la organización Justicia y Exactitud en la Información (FAIR, "Justo", por sus siglas en inglés), señalaron que las columnas políticas y económicas sindicadas aparecían ya en los años veinte; otro estudio descubrió que periódicos de todo el país afirman que sus respectivas secciones de opinión son anteriores a la del *Times*.

Pero más importante que quién "parió" el formato es qué hicieron con él. Claro que un debate libre y amplio suena muy bien, pero eso no es lo que aparecía en el *Times*. El ex columnista de este periódico Anthony Lewis, por ejemplo, explicó en una ocasión que la página era claramente hija del *Times*, amistosa con el establishment, y que la idea de que él representaba un punto de vista de izquierda progresista que pudiese contrabalancear opiniones como las de William Safire era absurda. Cuando Ben Bagdikian hizo una prospección de las páginas de opinión, a mediados de los sesenta, observó que la afirmación de los editores en el sentido de que buscaban mantener una gran gama ideológica de columnistas no cuadraba muy bien con el hecho de que los periódicos tenían "una preponderancia de columnistas conservadores".

Al examinar el terreno, casi treinta años después, Croteau y Hoynes encontraron un sesgo similar hacia la derecha en la distribución de los columnistas políticos. De los siete con mayor circulación, cuatro eran conservadores bien conocidos (George Will, James Kilpatrick, William Safire y William F. Buckley). Redondeaban la decena el reportero político de centro David Broder y el columnista Mike Royko, con Ellen Goodman como única liberal. Los dos investigadores llegaron a la conclusión de que "Los columnistas más ampliamente distribuidos del momento siguen transmitiendo mensajes que se hacen eco de la derecha, y aún no hay una presentación coherente del 'otro punto de vista'."

Unos diez años más tarde otra revisión llevada a cabo por FAIR encontró prácticamente lo mismo; el espectro ideológico casi no se había modificado, pero algunos nombres habían cambiado de lugar. Los archiconservadores James Dobson y Cal Thomas encabezaban la lista (lo que se calculó por el número de periódicos que incluían su columna), y sus compañeros conservadores Robert Novak y George Will los seguían de cerca.

Desde luego siempre ha habido algunas excepciones a la regla. Hasta su muerte, a principios de 2007, la progresista populista Molly Ivins, por ejemplo, se publicaba en más de trescientos periódicos. Pero en términos generales las páginas de opinión de los diarios son un espacio más del universo de las corporaciones mediáticas en el que dominan las voces de la derecha, y el debate general abarca desde la extrema derecha hasta el centro, pese a las excepciones ocasionales.

Esto no da la impresión de estar muy abierto al debate serio, sin importar lo que tengan que decir los expertos más conservadores y los conductores de los noticieros de cable acerca de las presuntas tendencias izquierdistas de la prensa corporativa. Adam Meyerson, el editor del boletín del *think tank* conservador Heritage Foundation, explicó en una ocasión (noviembre de 1988):

Hoy las páginas de opinión están dominadas por los conservadores. Tenemos una cantidad tremenda de opinión conservadora, pero esto le crea un problema a los que están interesados en escoger como carrera el periodismo después de la universidad... si Bill Buckley saliese hoy de Yale nadie le prestaría demasiada atención. No sería tan raro... porque probablemente haya centenares de personas con esas ideas [y] ya tienen sus columnas sindicadas.

Pero los jóvenes conservadores que se mueren por tener la oportunidad de aparecer en las páginas de comentarios importantes no tienen por qué perder toda esperanza. En 1995 el presidente del grupo *The New York Times* observó que, si bien "había muy pocos mercados competitivos, y menos periódicos", todavía hay espacio para algunas cosas... sobre todo "columnas conservadoras escritas por autores de las minorías o por mujeres".

Y las lamentaciones de Meyerson se confirman si se echa una mirada a los sitios web de los grandes grupos periodísticos. Si el editor de una página de opinión realmente llegase a desear presentarles a sus lectores comentarios de inclinaciones izquierdistas, no le resultaría fácil hacerlo basándose sólo en los principales grupos de información sindicada. Uno de los más grandes, Creators, ofrece por lo menos dos docenas de conservadores conocidos; los escritores verdaderamente de izquierda o progresistas pueden contarse con los dedos de una mano.

Esto es sólo una parte de la historia. Desde hace unos diez o doce años los grandes periódicos han expulsado a los pocos autores de opinión con tendencias izquierdistas que habían logrado abrirse paso en los medios de élite. En julio de 1995 *USA Today* despidió a su única columnista progresista, Barbara Reynolds. Dos años más tarde el *Washington Post* se deshizo de la sola voz que se expresaba en forma coherente en pro de la paz y la justicia, Colman McCarthy, que escribía para el periódico desde finales de los sesenta. ¿La razón? "El mercado ha hablado", de acuerdo con el editor gerente del *Post*, Robert Kaiser. El periódico seguía encontrando "mercado" para colaboradores como esos baluartes de la ultraderecha, Charles Krauthammer y George Will, cuyas opiniones no parecían necesitar jamás validación alguna en el mercado, por mucho que discrepasen del sentimiento público.

En 2005 *Los Angeles Times* despidió al columnista de tendencias de izquierda Robert Scheer, quien fuera un elemento constante del periódico durante casi treinta años. Como la guerra de Iraq fue el tema político definitorio de sus últimos años como columnista del *Times*, Scheer fue uno de los pocos expertos de la prensa de circulación nacional que se mostró decididamente escéptico ante las afirmaciones de la Casa Blanca al respecto. Antes de que a los figurones de los medios les resultara conveniente asegurar que "todos" se habían equivocado acerca de las armas de destrucción masiva de Iraq, Scheer escribía (6 de agosto de 2002) que el "consenso de los expertos" le había dicho al Senado que los arsenales químicos y biológicos de ese país habían sido "casi totalmente destruidos durante ocho años de inspecciones". Meses más tarde el periodista diría que los pretextos de la Casa Blanca para la guerra eran una "gran mentira". A finales de 2003 Scheer pedía el retiro de tropas de Iraq, posición que todavía tres años más tarde seguiría estando casi ausente del análisis de la élite. El despido del periodista puede atribuirse a muchos factores: una campaña derechista contra él por personajes como Bill O'Reilly, de la empresa Fox, o que el periódico pasase a ser propiedad de la Tribune Company. El mismo Scheer señaló que el nuevo editor del *Times* le había dicho que "aborrecía hasta la última palabra que escribía".

Tras deshacerse de su autor progresista más conocido, el *Times* reforzó su oferta del lado derecho del espectro político: el neoconservador Max Boot, el historiador Niall Ferguson y Jonah Goldberg, de la *National Review*. Entre algunas de las contribuciones notables de Goldberg al debate público figura burlarse de los franceses llamándolos "monos queseros que se rinden", por oponerse a la guerra en Iraq, y su intento de inducir a un académico, crítico de la ocupación de ese país, a apostar mil dólares a que no se produciría una guerra civil en Iraq, y a que a principios de 2007 la mayoría de los norteamericanos y los iraquíes pensarían que la guerra "valía la pena".

Es poco probable que Goldberg —o que cualquiera de los otros conservadores encaramados muy alto en los medios corporativos— se pase muchas noches en blanco, inquieto por la seguridad de su empleo en los medios presuntamente de izquierda. Uno de los beneficios de la sapiencia derechista es no tener que preocuparse jamás por las consecuencias adversas de equivocarse sobre algo (o, en ciertos casos, sobre mucho). Por ejemplo, en 1992 el columnista ampliamente sindicado George Will alteró completamente los resultados de una encuesta Gallup para ridiculizar las opiniones de Al Gore sobre el calentamiento global, y afirmó que la mayoría de los científicos no creía que estuviese produciéndose ese fenómeno. La misma empresa Gallup hizo una declaración corrigiendo el egregio error de Will —su encuesta había puesto en claro lo contrario de lo que aquél escribía—, pero la mayor parte de los lectores de Will no la vieron, y el mismo columnista jamás corrigió su distorsión.

Los errores fácticos son una cosa, pero con más frecuencia los pronunciamientos y prescripciones que emanan de los grandes expertos tienen otros problemas. Tom Friedman, el columnista de asuntos internacionales de *The New York Times* ha hecho toda una carrera ofreciendo tontos lugares comunes sobre la globalización y el triunfal entusiasmo empresarial de los directores ejecutivos de las grandes corporaciones... claro, cuando no redoblaba los tambores de guerra y exhortaba a Estados Unidos a ejercer violencia sobre la gente que vive en naciones más débiles. Sin embargo Friedman goza de la nada merecida reputación de ser una de las mentes más agudas del periodismo (lo que resulta insólito en vista de su trabajo, pero que tal vez sea menos sorprendente si se lo ve en relación con sus colegas columnistas y expertos). En una conversación del año 2006 con el conductor de NBC Tim Russert, Friedman reconoció que sabía muy poco sobre uno de los temas a los que le dedica un tiempo considerable. Al recordar una pregunta para la cual en una ocasión se sacó de la manga la respuesta, sobre si se opondría a cualquier movimiento denominado de "libre comercio", citó su contestación: "No, defini-

tivamente no... Escribí una columna en defensa de CAFTA, la iniciativa de Libre Comercio del Caribe. Ni sabía de qué se trataba.
Sólo conocía dos palabras: libre comercio." Vale la pena señalar
que Friedman ni siquiera fue capaz de llamar por su nombre
correcto al acuerdo comercial que apoyó: la "CA" de CAFTA se
refiere a Centroamérica, no quiere decir Caribe.

El consenso de la élite respecto a cuestiones como el comercio
significa que los columnistas muy leídos, como Friedman, pueden
limitarse a repetir la teología de las muchas virtudes de la globalización para dar la impresión de estar bien informados. Es poco
probable que los lectores encuentren mucha información que
pueda cuestionar esa ortodoxia, ya que hay escaso desacuerdo dentro del limitado espectro del debate en los medios corporativos.

Resulta útil comparar ese consenso con la opinión pública, que
desde hace mucho tiempo se muestra escéptica ante tratados co-
merciales como el Tratado de Libre Comercio de América del
Norte (TLCAN). La oposición de los ciudadanos a la política del
comercio global dilecta de las élites difícilmente se considera un
punto de vista legítimo. En el año 2000 los movimientos de masas
contra las recetas neoliberales del Banco Mundial y del Fondo
Monetario Internacional (FMI) llevaron a decenas de miles de
activistas a la ciudad de Washington... y provocaron la sorna de los
autores de columnas de opinión en el *New York Times*.

En menos de un mes el *Times* publicó cinco columnas que
criticaban las protestas y ninguna que las apoyara, o que por lo
menos tratara con respeto las inquietudes que expresaban. Eso se
veía claramente en los encabezados ("Salvar al mundo perdido",
"Aprendan a querer al FMI" y "Una verdadera chifladura"), pero
los textos son más histéricos que sus títulos. El gurú de derecha
(y poco después redactor de discursos para la Casa Blanca) David
Frum afirmó que los manifestantes "odian las presas y los aero-
puertos y a los economistas". Los críticos de las políticas del Banco Mundial/FMI, según el columnista del *Times* Paul Krugman,
propagaban argumentos "raras veces verificados" que representaban "a una minoría pequeña y relativamente privilegiada". Thomas Friedman, periodista del *Times*, que no se iba a dejar superar
en su propio territorio, llegó a la iracunda conclusión de que los
manifestantes eran "despreciables", un grupo de "chiflados eco-

nómicos" que merecían ser conocidos como "La Coalición para Mantener Pobre a la Gente Pobre del Mundo" y recibir "una buena bofetada". Para el *Times* las voces de oposición sólo existían como objeto de sorna elitista.

Hay otros momentos históricos en los cuales un análisis cuidadoso de las columnas de opinión brinda una útil instantánea del discurso permisible. Por ejemplo, en el mes posterior a los ataques del 11 de septiembre FAIR contabilizó 44 columnas del *Washington Post* y el *New York Times* que exigían una respuesta militar; sólo dos se inclinaban por alternativas no bélicas. Si bien las encuestas públicas realizadas en ese momento demostraron una inclinación hacia algún tipo de acción militar, había una opinión considerable que propugnaba ataques limitados o el uso del sistema internacional de justicia para llamar a cuentas a los responsables de los ataques. (El hecho de que este punto de vista quedase esencialmente silenciado significa que no era algo que tomasen en serio en los círculos políticos de las élites.) Años antes, en su libro *Necessary illusions*, Noam Chomsky estudió todo el espectro del debate permitido acerca de la política hacia Nicaragua y encontró que, de 85 columnas aparecidas en el *New York Times* y el *Washington Post* durante los tres primeros meses de 1986, todas eran críticas de los sandinistas. Se permitió mayor debate respecto a la política del financiamiento a los contras, lo que reflejaba la discusión política en Washington. Pero la denuncia de los sandinistas parecía ser un requisito de los medios.

La falta de diversidad de las páginas de opinión nacionales resulta —casi sin importar cómo se la mida— apabullante. La cuestión de la diversidad de género, por tomar sólo un ejemplo, se volvió tema de debate público cuando la autora/experta Susan Estrich le reclamó a *Los Angeles Times* por publicar un número ínfimo de columnas de opinión escritas por mujeres. El editor de la página, Michael Kinsley, movió la cabeza consternado ante las dificultades matemáticas de cualquier esfuerzo por ampliar el debate y el 20 de marzo de 2005 escribió en su periódico:

Si tiene éxito la presión para que haya más mujeres —como lo tendrá— habrá menos voces negras, menos latinas y demás. ¿Y por qué tendría que ser así? ¿No hay mujeres negras y latinos conservadores? Claro que sí. Hasta puede haber una conservadora latina lesbiana discapacitada, que escriba maravillosamente, y a la que nadie había descubierto porque no forma parte de la confortable red de la gente del medio. Pero probablemente no haya dos. No es problema de esfuerzo, es de matemáticas. Cada variable que se añade a la ecuación subvierte los esfuerzos por maximizar todas las demás variables.

Lamentablemente ese tipo de pensamiento es común. En 1990 Anna Quindlen recordó, en el *New York Times*, que un editor le había dicho: "me encantaría publicar tu columna, pero ya aparece la de Ellen Goodman"; presumiblemente una mujer escritora era lo más que podía soportar la página. Clarence Page, el columnista negro del *Chicago Tribune,* comentó que el grupo que manejaba la sindicación de su columna solía oír respuestas por el estilo respecto a su trabajo: los editores mencionaban a los autores negros que aparecían ya en sus periódicos.

Por eso puede resultar útil leer las columnas recopiladas en este volumen en referencia con su telón de fondo histórico. Los textos de Noam Chomsky —a diferencia de lo que dicen los clarividentes y gurús aprobados que son parte constante de los programas de entrevistas en televisión— no se documentan en los susurros de anónimos funcionarios, los bares frecuentados por las élites ni la conversación en la fiesta de Navidad de Donald Rumsfeld (sí, sí existe, y al parecer ha estado muy concurrida en los últimos años por la élite de los medios). Estas columnas se basan en la obtención de hechos disponibles —muchas veces inconvenientes para las clases dominantes, y por lo tanto en gran medida ignorados por los periodistas profesionales— así como las palabras y acciones de funcionarios poderosos. Es exactamente la clase de labor que lo excluye a uno de los recintos del poder; pecado mortal en el mundo del periodismo de élite, y manera perfecta de perder el empleo.

También puede resultar útil —o frustrante— que uno trate de imaginarse que estas columnas aparecen en el periódico local de manera bastante regular. La probabilidad de que eso ocurra puede oscilar en algún punto entre lo imposible y lo inimaginable. Así que lo que hay que preguntarse entonces es por qué. Hace algunos años Noam Chomsky apareció en el principal noticiero de PBS, *MacNeil/Lehrer NewHour.* Poco después en las páginas de

Extra!, la revista de FAIR, se publicó un encabezado: "Chomsky aparece en MacNeil/Lehrer; la civilización occidental sobrevive."

Y sobrevivió. Pero tal vez uno deseara ver, en lugar de la mera supervivencia de la democracia norteamericana, su florecimiento, y eso es imposible si no se expanden las ideas que se ponen a disposición del público de masas.

Con una Casa Blanca patas arriba y con un George W. Bush que goza de niveles de aprobación históricamente bajos, en los medios corporativos son más frecuentes las valoraciones críticas de la política presidencial. Sin embargo esta apertura aparente puede ser ilusoria. El 3 de abril de 2006, en el programa *Democracy Now!*, de la emisora Pacífica, Chomsky evaluó el desempeño de los medios estadounidenses en relación con la guerra de Iraq en el momento en que la prensa estaba empezando a recibir elogios por haber expresado finalmente su escepticismo:

Prácticamente no hay crítica alguna de la guerra en Iraq. Me imagino que eso sorprenderá a los periodistas. Creen que están siendo muy críticos, pero no lo son. Lo que quiero decir es que la clase de crítica sobre la guerra de Iraq que se nos permite en el sistema doctrinario, en los medios y demás, es como las críticas que se oían, digamos, en el estado mayor alemán después de Stalingrado: no está funcionando; está costando demasiado; cometimos un error, deberíamos buscar a otro general, y cosas por el estilo. En realidad está más o menos en el nivel de un periódico escolar que alienta a su equipo de fútbol. Uno no pregunta "¿Ganarán?" Lo que pregunta es "¿Cómo vamos?" Ya sabes: "¿Se equivocaron los entrenadores? ¿Deberíamos intentar otra cosa?" Eso se llama crítica... Comprendes, no se trata de cómo vayan a ganar, se trata de qué carambas están haciendo ahí.

Los periodistas, escritores y gurús políticos cuyas opiniones resultan aceptables para los intereses de las élites, y que por consiguiente son considerados dignos de compartir sus opiniones en los escenarios más prestigiosos de los medios, saben quedarse dentro de sus límites. Las columnas que aparecen en esta compilación no siguen esas reglas y por lo tanto han estado fuera de las páginas nacionales de la élite. Tal como ocurre con tantas otras cosas que vale la pena saber, nos vemos obligados a leerlas en otros lugares.

1. 11 DE SEPTIEMBRE: LECCIONES NO APRENDIDAS

4 DE SEPTIEMBRE DE 2002

De golpe, el 11 de septiembre muchos norteamericanos cobraron conciencia de que debían prestar mucha mayor atención a lo que el gobierno de su país hace en el mundo y a la forma en que esto se percibe. Se han abierto a la discusión muchas cuestiones que antes no estaban en los programas. Todo eso es para bien. También es una mínima muestra de cordura, si esperamos reducir la probabilidad de futuras atrocidades. Quizá sea reconfortante pretender que nuestros enemigos "detestan nuestras libertades", como dijo el presidente Bush, pero no se puede decir que sea prudente ignorar el mundo real, que nos da lecciones diferentes.

El presidente no es el primero en preguntar "¿Por qué nos odian?" En una discusión de gabinete, hace 44 años, el presidente Eisenhower describió "la campaña de odio contra nosotros [en el mundo árabe], no de los gobiernos sino de la gente". Su Consejo de Seguridad Nacional resumió las razones básicas: Estados Unidos apoya a gobiernos corruptos y opresores y "se opone al progreso político o económico" debido a su interés por controlar los recursos petroleros de la región.

Sondeos realizados en el mundo árabe después del 11 de septiembre revelan que hoy son válidas las mismas razones, y que a ellas se suma el resentimiento que provocan determinadas medidas políticas. Sorprendentemente, eso ocurre incluso entre los sectores privilegiados, prooccidentales, de la región. Citemos un solo ejemplo reciente: en el número del 1 de agosto de la *Far Eastern Economic Review* Ahmed Rashid, el especialista en la región internacionalmente reconocido, escribe que en Pakistán "va en aumento el enojo por el hecho de que Estados Unidos está permitiendo al régimen militar [de Musharraf] aplazar la promesa de la democracia".

[1]

Hoy nos hacemos un flaco favor cuando preferimos creer que "nos odian" y "odian nuestras libertades". Por el contrario, aquéllas son actitudes de personas a las que les gustan los norteamericanos y que admiran muchas cosas de Estados Unidos, incluidas sus libertades. Lo que detestan son las políticas oficiales que les niegan las libertades a las que ellas también aspiran.

Por estas razones, las vociferaciones de Osama bin Laden después del 11 de septiembre —como que Estados Unidos apoya a gobiernos corruptos y brutales, o que ha "invadido" Arabia Saudita— tienen cierta resonancia aun entre quienes lo desprecian y le temen. Los grupos terroristas esperan obtener apoyo y reclutas del resentimiento, el enojo y la frustración.

También debemos ser conscientes de que una gran parte del mundo considera que el régimen de Washington es terrorista. En los últimos años, Estados Unidos ha iniciado o respaldado, en Colombia, Nicaragua, Panamá, Sudán y Turquía, por mencionar sólo algunos casos, acciones que concuerdan con las definiciones oficiales de "terrorismo" que dan los norteamericanos... cuando le aplican el término a sus enemigos.

En *Foreign Affairs*, la revista más sobria del *establishment*, Samuel Huntington escribió en 1999: "Mientras Estados Unidos suele acusar a diversos países de 'estados bandidos', a los ojos de muchos países se está convirtiendo en una superpotencia bandida [...] la principal amenaza externa para sus sociedades."

Estas percepciones no cambian por el hecho de que el 11 de septiembre, por primera vez, un país occidental fuera víctima en su propio suelo de un horrendo ataque terrorista, un ataque de un estilo muy familiar para las víctimas del poder occidental, que trasciende lo que se ha dado en llamar el "terror al por menor" del IRA, el FLN o las Brigadas Rojas.

El ataque terrorista del 11 de septiembre suscitó la áspera condena del mundo y una efusión de simpatía por las víctimas inocentes. Pero con matices. Una encuesta Gallup internacional de fines de septiembre mostró muy poco apoyo a un "ataque militar" de Estados Unidos a Afganistán. El apoyo más débil fue el de América Latina, la región que más ha experimentado la injerencia de Estados Unidos (2% en México, por ejemplo).

Naturalmente, la actual "campaña de odio" en el mundo árabe es alimentada por la política estadunidense en Israel-Palestina e Iraq: Estados Unidos ha prestado una ayuda decisiva a la dura ocupación militar israelí durante los últimos 35 años.

Una manera de aminorar las tensiones entre Israel y Palestina sería dejar de aumentarlas —tal como lo hacemos—, no sólo al negarnos a sumarnos al consenso internacional de larga data que pide el reconocimiento del derecho de todas las naciones de la región —incluido el estado palestino— a vivir en paz y seguridad en los territorios hoy ocupados (quizá con algunos ajustes menores y mutuos en la frontera).

En Iraq un decenio de duras sanciones debidas a la presión norteamericana ha fortalecido a Saddam Hussein y al mismo tiempo provocado la muerte de cientos de miles de iraquíes, probablemente más personas "de las que han sido asesinadas por todas las llamadas armas de destrucción masiva a lo largo de la historia", escribieron en 1999 en *Foreign Affairs* los analistas militares John y Karl Mueller.

Hoy las justificaciones de Washington para atacar a Iraq son mucho menos creíbles que cuando el primer presidente Bush saludaba a Saddam Hussein como aliado y socio comercial, cuando ya había cometido sus peores crímenes: Halabja, donde atacó a los kurdos con gases tóxicos, la matanza de al-Anfal y otros. En aquel tiempo el asesino Saddam, que contaba con el firme respaldo de Washington y Londres, era más peligroso que hoy.

En cuanto a un ataque de Estados Unidos contra Iraq, nadie, ni siquiera Donald Rumsfeld, puede evaluar de manera realista los posibles costos y consecuencias.

Los islamistas extremistas radicales esperan sin duda que un ataque a Iraq mate a mucha gente y destruya gran parte del país, lo que les proveerá muchos reclutas para cometer actos terroristas.[1] Cabe suponer que también ven con agrado la "doctrina

---

[1] Michael Scheuer, analista de inteligencia de alta jerarquía, responsable de seguirle los pasos a Bin Laden desde 1996, expresa la opinión generalizada entre sus colegas en su libro *Imperial hubris* (2004): "no hay nada que Bin Laden pudiese haber deseado tanto como la invasión y la ocupación norteamericanas de Iraq [que es el obsequio] que Estados Unidos le hizo a Osama bin Laden". En *Journey of the jihadist* (2006), la obra académica más detallada acerca de los movimientos jihadis-

Bush", que proclama el derecho a realizar ataques contra amenazas potenciales, que pueden ser prácticamente ilimitadas. El presidente ha anunciado: "No se puede decir cuántas guerras serán necesarias para garantizar la libertad en la patria." Es verdad. Las amenazas están por doquier, aun en este país. El planteamiento de una guerra interminable presenta un peligro mucho mayor para los norteamericanos que los supuestos enemigos, por motivos que las organizaciones terroristas entienden muy bien.

Hace veinte años Yehoshafat Harkabi, ex director de la inteligencia militar israelí y destacado arabista, hizo una declaración que sigue siendo válida: "Ofrecerles una solución honorable a los palestinos, respetando su derecho a la autodeterminación: ésta es la solución al problema del terrorismo. Cuando desaparezca el pantano dejará de haber mosquitos."

Israel gozaba a la sazón de esa virtual inmunidad contra el desquite dentro de los territorios ocupados que duró hasta hace muy poco. Pero la advertencia de Harkabi era acertada, y la lección se aplica más ampliamente.

Mucho antes del 11 de septiembre se entendía que con la tecnología moderna los ricos y poderosos van a perder su casi total monopolio de los medios de la violencia y pueden esperar ser víctimas de actos de barbarie en su propio suelo.

Si insistimos en crear más pantanos, habrá más mosquitos, con una asombrosa capacidad de destrucción.

Si dedicamos nuestros recursos a drenar los pantanos, atacando las raíces de las "campañas de odio", no solamente podremos reducir las amenazas a las que nos enfrentamos sino también vivir a la altura de los ideales que profesamos y que, si decidimos tomarlos en serio, no están fuera de nuestro alcance.

---

tas, Fawaz Gerges analiza cómo los crímenes del 11 de septiembre fueron duramente criticados por los jihadis, lo que le ofrecía a Estados Unidos la oportunidad de ver que estaban alejados de Bin Laden. Pero la forma en que Bush recurrió rápidamente a la violencia, y en particular la invasión a Iraq, los vinculó, y terminó por crear una amenaza terrorista mucho más grave.

2. ESTADOS UNIDOS CONTRA IRAQ: UNA MODESTA PROPOSICIÓN

1 DE NOVIEMBRE DE 2002

Los afanosos esfuerzos de la administración Bush por tomar el control en Iraq —mediante la guerra, un golpe militar o algún otro medio— han suscitado diversos análisis de los motivos que los impulsan.

Anatol Lieven, miembro de alto rango de la Carnegie Endowment for International Peace [Fundación Carnegie para la Paz Internacional], de la ciudad de Washington, observa que los esfuerzos de Bush se ciñen a "la clásica estrategia moderna de una oligarquía de derecha en peligro, que consiste en desviar el descontento de las masas hacia el nacionalismo" por medio del miedo a enemigos externos. El objetivo de la administración —dice Lieven— es "la dominación unilateral del mundo mediante la superioridad militar absoluta", razón por la cual gran parte del mundo siente tanto temor y antagonismo hacia el gobierno estadunidense lo que, con frecuencia, y erróneamente, se describe como sentimiento "antinorteamericano".

Si se examinan los antecedentes de la actitud belicosa de Washington se refuerza y hasta se amplía la interpretación de Lieven.

A partir de los ataques del 11 de septiembre los republicanos han tomado la amenaza terrorista como pretexto para impulsar su programa político de derecha. Para las elecciones legislativas la estrategia ha desviado la atención de la economía para dirigirla a la guerra. Por supuesto, los republicanos no quieren que cuando la campaña presidencial empiece la gente ande haciendo preguntas sobre jubilaciones, empleos, seguridad social y otros asuntos. Más bien quieren que ensalcen a su heroico líder por haberlos rescatado de la inminente destrucción a manos de un enemigo de colosal poder, y que salgan resueltamente al encuentro de la siguiente fuerza poderosa empeñada en nuestra destrucción.

Las atrocidades del 11 de septiembre también ofrecieron la oportunidad y el pretexto para poner en marcha los viejos planes de apoderarse de la inmensa riqueza petrolera de Iraq, componente central de los recursos del Golfo Pérsico que en 1945 el Departamento de Estado describió como "una prodigiosa fuente de poder estratégico, y uno de los más grandes tesoros en la historia del mundo". El control de las fuentes de energía alimenta el poderío económico y militar de Estados Unidos, y el "poder estratégico" se traduce en una palanca para controlar el globo.

Otra interpretación es que la administración cree exactamente lo que dice: de la noche a la mañana Iraq se ha convertido en una amenaza para nuestra existencia y para sus vecinos. Así que debemos asegurarnos de que las armas de destrucción masiva de Iraq y los medios para producirlas sean destruidos, y Saddam Hussein, el monstruo mismo, sea eliminado. Y rápidamente. La guerra debe iniciarse este invierno (2002/2003). El próximo será ya demasiado tarde. Para entonces puede que la nube atómica que predice la consejera de Seguridad Nacional Condoleezza Rice ya nos haya consumido.

Supongamos que esta interpretación sea correcta. Si los poderes del Oriente Medio le temen más a Washington que a Saddam, como parece, esto no haría más que revelar su limitada comprensión de la realidad. Y no es más que una mera coincidencia el hecho de que el próximo invierno ya se estará llevando a cabo la campaña presidencial.

Así que si adoptamos la interpretación oficial nos vemos frente a una pregunta inevitable: ¿Cómo podemos alcanzar las metas anunciadas? A partir de esos supuestos, vemos de inmediato que el gobierno ha ignorado una alternativa sencilla a la invasión de Iraq: dejar que lo haga Irán. Este sencillo plan se ha pasado por encima, quizá porque parecería una locura, y con razón. Pero resulta instructivo preguntarse por qué.

La modesta proposición es que Estados Unidos inste a Irán a invadir Iraq, proporcionando a los iraníes, desde una prudente distancia, el necesario apoyo logístico y militar (misiles, bombas, bases, etc.). Así, "por poder", un polo del "eje del mal" se apoderaría del otro.

La propuesta tiene muchas ventajas sobre las otras opciones.

Para empezar, Saddam sería derrocado, más bien hecho añicos, junto con todos los que se encuentren cerca de él. Sus armas de destrucción masiva también serían destruidas, junto con los medios para producirlas.

En segundo lugar, no habría bajas norteamericanas. Es cierto que morirían muchos iraquíes e iraníes, pero eso no tiene mayor importancia. Los círculos pro Bush —muchos de ellos reaganitas reciclados— apoyaron decididamente a Saddam después de que atacara a Irán en 1980, sin pensar en el enorme costo humano, ni entonces ni durante el subsecuente régimen de sanciones.

Es probable que Saddam use armas químicas. Pero la cúpula de hoy apoyó firmemente a la "Bestia de Bagdad" cuando empleó armas químicas contra Irán en la época de Reagan, y cuando usó gases contra "su propio pueblo": los kurdos, que eran su propio pueblo en el mismo sentido en que los cherokees son el pueblo de Andrew Jackson.[1]

Los actuales planificadores de Washington siguieron apoyando a la Bestia después que cometió con mucho sus peores crímenes; incluso le proporcionaron los medios para desarrollar armas de destrucción masiva, nucleares y biológicas, justo hasta el momento de la invasión de Kuwait.

Bush padre y Cheney también autorizaron de hecho la matanza de chiitas por parte de Saddam en marzo de 1991, en pro de la "estabilidad", como se explicó discretamente a la sazón. Le retiraron el apoyo por sus ataques a los kurdos únicamente debido a la enorme presión internacional y nacional.

En tercer lugar, la ONU no constituiría ningún problema. No habrá necesidad de explicarle al mundo que la ONU no cuenta más que cuando sigue las órdenes de Estados Unidos.

Cuarto, sin duda Irán tiene mejores cartas de presentación que Washington para hacer la guerra y para dirigir un Iraq ya sin

---

[1] Después resultó que en 2003 Saddam no tenía armas químicas. Pero se supuso, plausiblemente, que contaba con ellas, razón por la cual las tropas norteamericanas iban pertrechadas con equipo de protección, en Israel se tomaron precauciones importantes, etcétera.

Saddam. A diferencia de la administración Bush, Irán no tiene antecedentes de haber apoyado al homicida Saddam ni su programa de armas de destrucción masiva.

Podría objetarse, y con razón, que no se puede confiar en el gobierno iraní, pero esto sin duda puede decirse también de los que siguieron ayudando a Saddam aun después de haber cometido sus peores crímenes.

Lo que es más, nos ahorraríamos la vergüenza de profesar una fe ciega en nuestros dirigentes, como la que con justeza ridiculizamos en los estados totalitarios.

Quinto, la liberación será recibida con entusiasmo por gran parte de la población, mucho más que si la invasión es de los norteamericanos. La gente se dará vítores en las calles de Basra y de Karbala, y podremos elevar nuestra voz junto con la de los periodistas iraníes al proclamar la nobleza y la justicia de los liberadores.

Sexto, Irán podrá avanzar hacia el establecimiento de la "democracia". Como la mayoría de la población es chiita, Irán tendrá menos dificultades que Estados Unidos para permitirles opinar en un gobierno posterior.

No habrá ningún problema para tener acceso al petróleo iraquí; para las compañías norteamericanas será tan fácil como lo sería, ahora mismo, explotar los recursos energéticos de Irán, si Washington se los permitiera.

Acepto que la modesta proposición de que Irán libere a Iraq es una locura. Su único mérito es que es mucho más razonable que los planes que hoy por hoy se están poniendo en práctica... o lo sería si las metas que la administración profesa tuvieran alguna relación con las verdaderas.

3. ARGUMENTOS CONTRA LA GUERRA EN IRAQ

3 DE MARZO DE 2003

La nación más poderosa de la historia ha proclamado que tiene la intención de controlar el mundo por la fuerza, dimensión en la cual es reina suprema. Evidentemente el presidente Bush y sus cohortes están convencidos de que los medios violentos que tienen en las manos son tan extraordinarios que pueden ignorar sin miramientos a quienquiera que se les interponga.

Las consecuencias podrían ser catastróficas en Iraq y en el resto del mundo. Estados Unidos puede cosechar una tormenta de represalias... y redoblar la posibilidad de un Armagedón nuclear.

Bush, Cheney, Rumsfeld y compañía están comprometidos con una "ambición imperial" —escribe G. John Ikenberry en el número de septiembre/octubre (2002) de *Foreign Affairs*—, con "un mundo unipolar en el que Estados Unidos no tiene ningún competidor a su altura" y en el que "ningún estado ni coalición podría jamás retarlo en su papel de líder global, protector y sancionador". Dicha ambición incluye sin duda el control muy ampliado de los recursos y las bases militares del Golfo Pérsico para imponer una forma preferida de orden en la región.

Antes aun de que la administración empezara a batir los tambores de guerra contra Iraq, había ya sobradas advertencias de que la temeridad de Estados Unidos conduciría a una proliferación de las armas de destrucción masiva y del terrorismo como forma de disuasión o de revancha.

Ahora mismo Washington le está dando al mundo una lección muy repulsiva y peligrosa: si quieren defenderse de nosotros, más les vale imitar a Corea del Norte y representar una amenaza creíble. De otra manera los demoleremos.

Hay motivos para creer que la guerra contra Iraq tiene la finalidad, en parte, de demostrar qué podemos esperar cuando el imperio decide asestar un golpe, aunque "guerra" no sea el término apropiado, dada la gran desigualdad de fuerzas.

Un mar de propaganda advierte que si no paramos a Saddam Hussein hoy él nos destruirá mañana. En octubre pasado (2002), cuando el Congreso le otorgó al presidente la autorización para ir a la guerra, fue "para defender la seguridad nacional de Estados Unidos de la constante amenaza que representa Iraq".

Pero a ninguno de los países vecinos de Iraq parece preocuparle demasiado Saddam, por mucho que detesten al tirano homicida. Quizá se deba a que los vecinos saben que los iraquíes están en el límite de la lucha por la existencia. Iraq se ha convertido en una de las naciones más débiles de la región. Según un informe de la Academia de Artes y Ciencias norteamericana, la economía de Iraq y su gasto militar son apenas una fracción de los de algunos de sus vecinos, Kuwait incluido, cuya población es un 10% de la de Iraq.

De hecho, en los últimos años los países cercanos — entre ellos Irán y Kuwait, ambos invadidos en algún momento por Iraq— han intentado reintegrarlo a la región.

Saddam se vio beneficiado con el apoyo de Estados Unidos durante la guerra con Irán y después, hasta el día en que invadió Kuwait. Casi todos los responsables de ello tienen nuevamente las riendas de Washington. Reagan y la administración de Bush padre le dieron ayuda a Saddam, junto con los medios para desarrollar armas de destrucción masiva (ADM), cuando era mucho más peligroso que ahora y había ya cometido sus peores crímenes, como asesinar a miles de kurdos con gases tóxicos.

Ponerle fin al régimen de Saddam le quitaría una carga horrible al pueblo iraquí. Hay razones para creer que hubiese sufrido el mismo destino que Ceaucescu y otros tiranos perversos de no ser porque la sociedad iraquí está devastada por las brutales sanciones que la obligan a depender de Saddam para sobrevivir, a la vez que los fortalecen a él y a su camarilla.

Saddam sigue siendo una amenaza terrible para los que están a su alcance. Hoy ese alcance no va más allá de sus propios dominios, aunque es probable que la agresión de los norteamericanos inspire a una nueva generación de terroristas ávidos de venganza, y podría inducir a Iraq a realizar acciones terroristas que se piensa que ya están preparadas.

El año pasado (2002) un grupo de análisis presidido por Gary Hart y Warren Rudman preparó un informe para el Council on Foreign Relations [Consejo de Relaciones Exteriores]: "America – still unprepared, still in danger". Advierte acerca de probables atentados terroristas que podrían ser peores que el ataque del 11 de septiembre, incluido el uso de ADM en este país, peligros que son tanto "más urgentes debido a la posibilidad de que Estados Unidos vaya a la guerra con Iraq".

En este momento Saddam tiene las mejores razones para mantener en estricto control cualquier arma química o biológica que pueda poseer Iraq. No proveería de dichas armas a los Osama bin Laden del mundo, que representan un terrible peligro incluso para él, y ni hablar de la reacción si hubiese el menor asomo de sospecha de que pudiera ocurrir semejante transacción imperdonable. Los halcones de la administración entienden que, salvo como último recurso si es atacado, no es probable que Iraq emplee las ADM que posee, arriesgándose a la incineración instantánea.

Sin embargo, atacada, la sociedad iraquí se derrumbaría, y con ella desaparecerían los controles sobre las ADM. Éstas podrían "privatizarse", como ha advertido Daniel Benjamin, especialista en seguridad internacional, y ofrecerse al enorme "mercado de armas no convencionales, donde no tendrán ninguna dificultad en encontrar comprador". Semejante escenario sería "de pesadilla", dice Benjamin.[1]

En lo que toca al destino del pueblo iraquí en guerra, nadie puede predecir nada con certeza: ni la CIA, ni Rumsfeld, ni los que afirman ser expertos en Iraq. Nadie. Empero, todas las orga-

---

[1] Al parecer ocurrió algo parecido al "panorama de pesadilla". En efecto, en Iraq había los medios para desarrollar armas de destrucción masiva: estaban bajo la custodia de inspectores de la ONU, quienes los estaban desmantelando, y a los que hubo que retirar cuando se produjo la invasión de Estados Unidos. Rumsfeld, Wolfowitz y sus colaboradores omitieron dar a sus fuerzas instrucciones de apoderarse de esos lugares. Los inspectores de la ONU continuaron su trabajo por satélite, e informaron que más de cien de esos sitios fueron saqueados; en ellos había biotoxinas letales y equipo de precisión que puede utilizarse para fabricar misiles y armas nucleares. Su destino: desconocido, y nada placentero.

nizaciones de ayuda internacional se están preparando para lo peor.

Estudios realizados por organizaciones médicas respetables estiman que el saldo mortal podría ascender a cientos de miles de personas. Documentos confidenciales de la ONU advierten que una guerra podría desatar una "emergencia humanitaria en una escala excepcional", incluida la posibilidad de que 30% de los niños iraquíes mueran de desnutrición.[2]

Hoy la administración no parece escuchar las advertencias de los organismos internacionales de ayuda sobre las horribles desgracias que traería consigo un ataque.

Los desastres potenciales se encuentran entre las múltiples razones por las cuales un ser humano decente no contempla la amenaza ni el uso de la violencia en la vida de las personas ni en los asuntos internacionales, a menos que se hayan presentado motivos de fuerza abrumadora. No cabe la menor duda de que ninguna justificación remotamente semejante se ha presentado.

---

[2] El estudio más confiable de las bajas, preparado con la colaboración del Centro de Estudios Internacionales del MIT es el de Gilbert Burnham *et al.*, "The human cost of the war in Iraq", *Lancet*, octubre de 2006. Calcula que el total más probable de muertes tras la invasión asciende a 650 mil personas. Además hay millones de refugiados, así como una destrucción y una miseria generalizadas.

4. AHORA QUE YA COMENZÓ LA GUERRA

24 DE MARZO DE 2003

Si algo hay obvio en la historia de la guerra es que no se puede predecir prácticamente nada.

En Iraq la más impresionante fuerza militar de la historia de la humanidad ha atacado a un país mucho más débil, con una enorme disparidad de fuerzas.

Pasará un tiempo antes de que pueda hacerse una evaluación preliminar de las consecuencias. Deben dedicarse todos los esfuerzos posibles a minimizar los daños y a proveer al pueblo iraquí de los enormes recursos necesarios para que reconstruyan su sociedad, sin Saddam; a su manera, no por dictado de gobernantes externos.

No hay razón para dudar de la opinión casi universal de que la guerra en Iraq sólo servirá para incrementar la amenaza de terror, así como la creación —y posiblemente el uso— de armas de destrucción masiva con fines de venganza o disuasión.[1]

En Iraq la administración Bush va en pos de una "ambición imperialista" que con toda razón llena de temor al mundo y convierte a Estados Unidos en un paria internacional. El propósito confeso de la actual política norteamericana es imponer un po-

---

[1] Las valoraciones de inteligencia después de la guerra revelaron que el aumento fue muy superior a lo esperado. Véase mi libro *Failed states* (2006), p. 18 ss., y el cálculo nacional de inteligencia, clasificado, del que habla Mark Mazzetti, "Spy agencies say Iraq war worsens terrorism threat", en el *New York Times*, 24 de septiembre de 2006. En el número de marzo/abril de 2007 de *Mother Jones* Peter Bergen y Paul Cruickshank, especialistas en terrorismo, analizan su reciente estudio en el que demuestran que "la guerra de Iraq ha generado una asombrosa septuplicación de la tasa anual de ataques fatales de la jihad, que se elevan literalmente a centenares de ataques terroristas más y a miles de civiles muertos; incluso si se excluye el terrorismo en Afganistán e Iraq, los ataques mortales en el resto del mundo han aumentado más de una tercera parte".

derío militar que sea supremo en el mundo e indisputable. Estados Unidos puede emprender guerras preventivas a voluntad: preventivas, no anticipadas. Sean cuales fueren las justificaciones para una guerra anticipada, no se aplican a la categoría, muy diferente, de guerra preventiva: el uso de la fuerza para eliminar una amenaza real o supuesta.

Esta política le abre las puertas a una lucha prolongada entre Estados Unidos y sus enemigos, algunos de los cuales se ganó mediante la violencia y la agresión, y no sólo en el Medio Oriente. En este sentido el ataque de los estadunidenses contra Iraq es una respuesta a las plegarias de Bin Laden.

Para el mundo, el precio de la guerra y sus secuelas no podría ser más alto. Por elegir una sola de muchas posibilidades, la desestabilización de Pakistán podría provocar el traslado de las armas nucleares de la región hacia la red global de grupos terroristas, que a su vez podría verse vigorizada por la invasión y la ocupación militar de Iraq. Podríamos evocar otras posibilidades, no menos sombrías.

Sin embargo cabe albergar la esperanza de consecuencias más benignas, empezando por el apoyo del mundo a las víctimas de la guerra, de la tiranía brutal y las sanciones homicidas en Iraq.

Un signo prometedor es que la oposición a la invasión, antes y después de ocurrida, no tiene par. En cambio, hace 41 años este mismo mes (marzo de 2003), cuando la administración Kennedy lanzó un ataque directo contra Vietnam del Sur, las protestas fueron casi nulas. Durante varios años no alcanzaron un nivel significativo, hasta que en Vietnam del Sur, que había quedado devastado, llegó a haber varios cientos de miles de soldados y Estados Unidos había llevado la guerra hacia el norte.

Hoy las protestas populares contra la guerra son de gran escala, comprometidas y de principios, de un extremo a otro de Estados Unidos y el mundo. El movimiento por la paz actuó enérgicamente aun antes de que comenzara la nueva guerra de Iraq.

Este hecho refleja un aumento constante, durante estos años, de la renuencia a tolerar la agresión y las atrocidades, uno de muchos cambios de ese tipo que han ocurrido en el mundo. Los movimientos activistas de los últimos cuarenta años han tenido un efecto civilizador.

Hoy por hoy la única forma de que Estados Unidos ataque a un enemigo mucho más débil es construyendo una enorme ofensiva propagandística que lo exponga como el mal absoluto, e incluso como una amenaza a nuestra supervivencia misma. Ése fue el escenario que Washington erigió en el caso de Iraq.[2]

No obstante, los activistas por la paz están en mucho mejor posición para detener el siguiente recurso a la violencia, y éste es un asunto de extraordinaria significación.

Gran parte de la oposición a la guerra de Bush se basa en el reconocimiento de que Iraq no es más que un caso especial de la "ambición imperialista" declarada contundentemente en la Estrategia de Seguridad Nacional de septiembre del año pasado (2002).

Para ver con perspectiva nuestra situación actual tal vez convenga pasar revista a la historia reciente. En octubre último (2002) la naturaleza de las amenazas a la paz fue dramáticamente minimizada en la conferencia cumbre de La Habana, en el 40 aniversario de la crisis cubana de los misiles, en la que participaron personajes clave de Cuba, Rusia y Estados Unidos.

El hecho de que sobreviviéramos a la crisis fue un milagro. Supimos que el mundo fue rescatado de una posible devastación nuclear por el capitán de un submarino ruso, Vasili Arjipov, que revocó la orden de disparar misiles nucleares cuando los submarinos rusos fueron atacados por destructores norteamericanos cerca de la línea de "cuarentena" de Kennedy. Si Arjipov hubiera accedido, con toda seguridad el lanzamiento nuclear habría desatado un intercambio que habría podido "destruir el hemisferio norte", tal como Eisenhower lo había advertido.

Esta terrible revelación es especialmente oportuna en virtud de las circunstancias: el origen de la crisis de los misiles yace en el

---

[2] Los políticos son conscientes del problema. Un documento de la administración de Bush, padre, que se filtró cuando éste subió al poder, en el que se pasaba revista a los "peligros provenientes del tercer mundo", llegaba a la conclusión de que "en los casos en que Estados Unidos se enfrenta a enemigos mucho más débiles" —los únicos contra los que tiene sentido pelear— "nos veremos en la necesidad, no simplemente de derrotarlos, sino de hacerlo de manera rápida y decisiva". Lo contrario resultaría "embarazoso" y podría "socavar el apoyo político", que se admitía era escaso. Véase Maureen Dowd, *New York Times*, 2 de marzo de 1991.

terrorismo internacional dirigido a un "cambio de régimen", dos de los conceptos principales hoy en juego. Los ataques terroristas contra Cuba lanzados por los estadunidenses dieron comienzo a poco de que Castro subiera al poder y se intensificaron con Kennedy, hasta llegar a la crisis de los misiles, y después de ella.

Estos nuevos descubrimientos demuestran con la mayor claridad los terribles riesgos imprevistos de atacar a un "enemigo mucho más débil" con miras a un "cambio de régimen", riesgos que podrían hundirnos a todos, sin exagerar.

Estados Unidos está abriendo nuevas y peligrosas sendas frente a la oposición casi unánime del mundo.

Washington puede responder de dos maneras a las amenazas engendradas, en parte, por sus propias acciones y sus alarmantes proclamas.

Una es tratar de minimizar las amenazas prestando un poco de atención a los agravios legítimos y aceptando convertirse en un miembro civilizado de la comunidad mundial, mostrando algo de respeto por el orden mundial y sus instituciones.

La otra es construir más maquinaria de destrucción y dominación impresionante para que al percibir cualquier peligro, por remoto que sea, pueda aplastarlo, provocando así nuevos y mayores riesgos.

5. IRAQ ES UN CAMPO DE PRUEBA

Entre el caos que hoy reina en Iraq, la cuestión de quién gobierna el país sigue siendo el primer tema en disputa: ¿los iraquíes o una camarilla en Crawford, Texas?

No es sorprendente que las principales figuras seglares y religiosas de la oposición a Saddam Hussein quieran que los iraquíes tengan el control de Iraq, con la ONU como intermediaria.

Los políticos estadunidenses tienen una idea completamente diferente. Al parecer pretenden imponer en el país un régimen clientelar, como lo han hecho en otros sitios de la región y, más significativamente, de las regiones que han estado bajo el dominio norteamericano desde hace un siglo: América Central y el Caribe.

Brent Scowcroft, consejero de seguridad nacional del primer Bush, acaba de repetir lo obvio: "¿Qué pasará la primera vez que hagamos elecciones en Iraq y resulte que ganan los radicales? ¿Qué vamos a hacer? Desde luego no será permitir que tomen el poder."

La región es profundamente escéptica en cuanto a las motivaciones de Estados Unidos. De Marruecos al Golfo, pasando por Líbano, cerca del 95% de la población está convencida de que la guerra se desató para asegurar "el control del petróleo árabe y someter a los palestinos a la voluntad de Israel", según informó Youssef Ibrahim en el *Washington Post*, citando una encuesta encargada por Shibley Telhami, de la Universidad de Maryland.

Si podemos basarnos en la experiencia previa, el equipo encargado de las relaciones públicas de Bush echará a andar alguna forma de democracia en Iraq, mientras no tenga demasiada sustancia. Es difícil imaginar que Washington vaya a permitirle tener verdadera voz a la mayoría chiita, que probablemente presionará a favor de una dirigencia islámica y tratará de establecer relaciones

[17]

más estrechas con Irán, que es lo último que los bushitas quieren. O que acepte que tenga una verdadera voz la minoría kurda, que probablemente buscará algún tipo de autonomía dentro de una estructura federal que sería anatema para Turquía.

Esta última sigue siendo una base importante de poder para Estados Unidos, a pesar de las tensiones en torno al hecho de que el gobierno turco se plegó a la voluntad de su pueblo al no permitir que las tropas norteamericanas invadieran Iraq desde su territorio.

Una democracia funcional en el Medio Oriente tendría resultados inconsistentes con la meta norteamericana de reforzar su dominio allí.

La administración Bush ha anunciado públicamente que los siguientes objetivos podrían ser Siria e Irán, lo cual requeriría una sólida base militar en Iraq, presumiblemente; razón de más para no permitir que exista allí una democracia significativa.

La instalación de bases militares en el núcleo de los principales recursos energéticos del mundo obviamente contribuye a afianzar el control de los mismos, así como el poder estratégico y la riqueza material que proveen.

La guerra de Iraq es un campo de prueba para dejarle claro al mundo que la administración Bush tiene toda la intención de que se tome en serio su Estrategia de Seguridad Nacional, anunciada en septiembre pasado. El mensaje fue que la administración Bush pretende gobernar al mundo por la fuerza, dimensión en la cual es reina suprema, y permanentemente, extirpando cualquier desafío potencial que se le presente. Éste es el meollo de la recién anunciada doctrina de la guerra preventiva.

Antes de declarar la guerra a Iraq Estados Unidos se sintió obligado a tratar de forzar al mundo a aceptar su posición, y no pudo. En general el mundo sucumbe. Tomemos por ejemplo la primera guerra del golfo. En ese tiempo Estados Unidos ejerció una considerable presión para inducir al Consejo de Seguridad a aceptar su plan de guerra, aun cuando una gran parte del mundo se oponía. En cualquier sistema legal que se respete un juicio forzado se considera nulo. Pero en los asuntos internacionales que llevan los poderosos los juicios forzados no tienen nada de malo. Se los llama diplomacia.

La ONU está ahora en una posición muy peligrosa. Estados Unidos podría tratar de desmantelarla, o cuando menos de reducirla. La posición extremista de la administración actual pone gravemente en jaque a la organización y, junto con ella, al marco entero del derecho internacional penosamente construido, después de la segunda guerra mundial, como cimiento de un mundo más pacífico.

Por supuesto, también es importante mantener el poder en casa. En el otoño pasado (2002), en las elecciones legislativas, la administración Bush habría tenido muy pobres resultados si las cuestiones sociales y económicas hubieran estado en primer término. Pero se las arregló para hacer énfasis en las cuestiones de seguridad, como la supuesta amenaza de Iraq. Para cuando lleguen las elecciones presidenciales la administración tendrá que encontrar otro dragón que descabezar.

Mientras tanto, en el programa de los ciudadanos norteamericanos debería ser prioritario asegurarse de que Iraq sea gobernado por iraquíes, de que Estados Unidos dé una ayuda masiva que los propios iraquíes decidirán cómo utilizar; seguramente no en cosas tales como subsidiar a Halliburton o a Bechtel del bolsillo de los contribuyentes norteamericanos.

Otra prioridad debería ser frenar las medidas políticas extremadamente peligrosas anunciadas en la Estrategia de Seguridad y puestas en el caldo de cultivo que es Iraq, como bien lo describen David Sanger y Steven Weisman en *The New York Times*.

De igual modo, deberían hacerse rigurosos esfuerzos para bloquear el auge de ventas de armamento que, alegremente anticipado como consecuencia de la guerra, contribuirá a hacer del mundo un sitio cada vez más terrible y peligroso.

El programa, como siempre, comienza tratando de descubrir qué es lo que está pasando en el mundo, y luego hace algo para contrarrestarlo en la medida de nuestras posibilidades y mejor que nadie. Pocos comparten nuestros privilegios, nuestro poder y nuestra libertad... y por ende nuestra responsabilidad. Esto también debería ser obvio.

6. LA HOJA DE RUTA QUE NO LLEVA A NINGÚN LADO

18 DE AGOSTO DE 2003

Hoy, mientras el proceso de paz entre Israel y Palestina sigue su curso, también lo hace la construcción de la barrera que los israelíes llaman una "valla de seguridad" y los palestinos un "muro de separación".[1]

El presidente George W. Bush y el primer ministro Ariel Sharon pueden tener diferencias de opinión en cuanto a la ubicación exacta de la barrera. Pero para poner en contexto el proceso de paz —y la barrera— es importante recordar que Israel no puede hacer gran cosa sin la autorización y el respaldo de Estados Unidos. Y los israelíes sensatos lo saben. Amir Oren, un comentarista político israelí, ha observado con justeza que "el mandamás llamado 'socio' es la administración norteamericana".

Los países árabes y otros se hacen muchas ilusiones acerca de la subordinación de Washington a Israel o al cabildeo proisraelí en casa (que para nada está constituido solamente por judíos).

---

[1] En 2004 la Corte Internacional de Justicia declaró ilegal la valla israelí. El juez estadunidense Buergenthal emitió una declaración separada, en la que coincidía en que la cuarta Convención de Ginebra, que prohíbe la transferencia de población por parte del conquistador a territorios ocupados, se aplica a la margen occidental, así que "los segmentos del muro que está construyendo Israel para proteger los asentamientos están *ipso facto* en violación de la ley humanitaria internacional (Corte Internacional de Justicia, 9 de julio de 2004); es decir entre 80 y 85% del muro, construido visiblemente para proteger a los colonos y que de hecho aumentan el riesgo de seguridad para Israel a menos que se expulse a todos los palestinos de las áreas abarcadas ilegalmente con la valla. En mayo de 2006 el primer ministro israelí anunció su plan de "convergencia", que convierte el muro en una pared de anexión. El plan prevé que Israel tome las regiones que queden dentro de la valla para desarticular los fragmentos cada vez menores que les quedan a los palestinos y para encerrar a éstos, apoderándose del valle del Jordán. Contó con el apoyo de la administración Bush y elogiado, en los comentarios occidentales, por ser "moderado"; tal vez demasiado, según decidieron Estados Unidos e Israel después de su invasión a Líbano en julio de 2006.

La idea de que Estados Unidos podría dejar a Israel las riendas de las cosas es un grave error, a mi modo de ver.[2]

Las decisiones que ha tomado Israel durante los últimos treinta años han reducido considerablemente sus opciones; por el camino que va ahora casi no le queda alternativa más que servir de base militar norteamericana en la región y acceder a las exigencias de Estados Unidos.

Las opciones salieron a la luz en 1971, cuando Sadat, el presidente de Egipto, le ofreció a Israel un tratado de paz total a cambio de que se retirara de territorio egipcio, aceptando las propuestas del mediador de la ONU, Gunnar Jarring. Israel tenía que hacer una elección decisiva: podía aceptar la paz y la integración a la región o bien insistir en la expansión y confrontación, y por ende depender inevitablemente de Estados Unidos. Eligió este último curso, no por motivos de seguridad sino por un compromiso con la expansión, en ese momento primordialmente hacia el Sinaí egipcio, lo que llevó de manera directa a la guerra de 1973, en la que Israel y el mundo apenas se salvaron, ya que se involucraron las grandes potencias. No es nada raro que los estados —incluido el nuestro— pongan la seguridad muy por debajo de otros objetivos.

El año pasado (mayo de 2002), en *Foreign Affairs*, Hussein Agha, especialista en el Oriente Medio de la Universidad de Oxford, y Robert Malley, asesor especial del presidente Clinton en asuntos árabe-israelíes, observaron, acerca del callejón sin salida en que se encuentran Israel y Palestina, que "ya desde algún tiempo se han comprendido básicamente los contornos de una solución". Agha y Malley esbozan el entendimiento mutuo: una división territorial en la frontera internacional, ahora con un intercambio

---

[2] En ocasiones Washington se ha esforzado por humillar a Israel, sin que los cabilderos mostrasen reacción alguna. Un ejemplo impactante tuvo lugar en 2005; véase *Failed states*, p. 189. Uri Avnery afirma que las órdenes estadunidenses bloquearon los planes israelíes para la guerra de Líbano en 2006, planeada con mucha antelación, según reconoció el primer ministro Ehud Olmert en marzo de 2007. Avnery, "Olmert's truth", 10 de marzo de 2007, véase http://www.avnery-news. co.il/english/. Véase también la nota 1 de "Los dilemas de la dominación", en la p. 42.

de territorio de uno a uno. Escriben que "la vía [a la solución] ha eludido a todos los involucrados desde el comienzo", pero, aunque acertada, esta afirmación es desorientadora. El camino ha sido obstruido por Estados Unidos durante 25 años, e Israel sigue negándose a aceptarlo, incluso en el extremo pacifista del espectro político dominante.

En los años del segundo Bush y Sharon las perspectivas de una solución diplomática han disminuido. Israel ha expandido sus programas de asentamiento, con el continuo respaldo de Estados Unidos. Los asentamientos israelíes controlan ahora el 42% de la margen occidental, según B'Tselem, la organización israelí de derechos humanos. Salpicadas entre los asentamientos hay zonas habitadas por palestinos "que traen a la memoria repelentes regímenes del pasado, como el *apartheid* en Sudáfrica", dice B'Tselem.[3]

En cuanto a los actuales planes de la administración Bush, hay dos fuentes de información: la retórica y la acción. En el plano de la retórica está la "visión" de Bush de un estado palestino —que debemos admirar, aunque no se nos permita percibirlo— y "la hoja de ruta" del cuarteto: la ONU, Rusia, la Unión Europea y Estados Unidos. Sólo que deliberadamente la "hoja de ruta" es vaga en muchos puntos importantes, incluyendo hasta el asunto central de las líneas limítrofes. Además, si bien Israel aceptó formalmente la "hoja de ruta", de inmediato dio a conocer catorce reservas que, con apoyo de Estados Unidos, la emasculaban por entero. De manera que tanto Israel como Estados Unidos transgredieron de inmediato la "hoja de ruta" que usual, aunque erróneamente, se considera una iniciativa de la administración Bush.[4]

---

[3] Por cierto, esta cifras carecen prácticamente de significado, porque no toman en cuenta los límites previstos de los asentamientos, que son en general secretos de estado, o los enormes proyectos de infraestructura: supercarreteras para los israelíes, prohibidas para los palestinos, con bordes muy anchos; los puntos de control israelíes y otros recursos para hacerles la vida imposible a los palestinos, etc. Un cálculo realista sería probablemente que los asentamientos israelíes controlan ahora alrededor del 70% de la margen occidental, pero no hay cantidades definidas, ya que ni Estados Unidos ni Israel revelan los datos. Para actualizaciones sobre los asentamientos israelíes véase B'Tselem o el *Report on Israeli Settlements* que publica de manera regular la Fundación para la Paz en el Medio Oriente.

[4] 25 de mayo de 2003. Israel exigió que los palestinos garantizasen plena tranquilidad y el fin de la incitación a la violencia, pero "la hoja de ruta no declarará que Israel debe poner fin a la violencia y la incitación contra los palestinos". Debe

"Lo que ocurra en el terreno, comenta Amira Hass, una periodista israelí, va determinando —y seguirá haciéndolo— la zona donde se establecerá esa entidad conocida como 'estado palestino'."

Debido al muro y al resto de sus acciones Israel —y por extensión su "mandamás llamado 'socio'"— está socavando las posibilidades de un acuerdo diplomático pacífico.

Israel justifica su conducta en términos del terror palestino, que ciertamente ha aumentado, incluyendo los bombardeos suicidas contra civiles israelíes durante la intifada al-Aqsa que se desató en septiembre de 2000. Sin embargo, cabe señalar que hasta hace muy poco la brutal ocupación militar israelí suscitó muy pocas represalias del interior de los territorios, y los crímenes cometidos ahí por las fuerzas de ocupación y los colonos ilegales despertaron muy poca preocupación.

Lo mismo ocurrió en los primeros días de la actual intifada. Durante el primer mes, según el ejército israelí, la proporción de muertes fue de casi 20 a 1 (75 palestinos y 4 israelíes), en un momento en que la resistencia se limitaba a los territorios y rara vez pasaba de las pedradas. Fue solamente cuando la proporción pasó a cerca de 3 a 1 cuando la indignación se enardeció: por el sufrimiento de israelíes inocentes.

La reacción es la correcta. Pero, ¿ha sido correcto mostrar indiferencia por el mayor sufrimiento de los palestinos antes de que cambiara el peso de la balanza del terror, y también hoy, sufrimiento que se remonta a muchos años, con el apoyo decisivo de Estados Unidos?

La intifada ha puesto al descubierto los cambios significativos que habían venido ocurriendo dentro de Israel. Para entonces la autoridad interna del ejército israelí había alcanzado niveles tales que el periodista israelí Ben Kaspit describe al país "no como una nación con un ejército, sino un ejército con una nación"; un

afirmarse "el derecho de Israel a existir como estado judío" y renunciarse al derecho de los palestinos a egresar, pero la afirmación de los derechos palestinos por parte de la ONU está vedada en la discusión, al igual que los asentamientos israelíes y muchas otras cosas. Como Estados Unidos le dio su aprobación a las condiciones, la hoja de ruta murió al nacer. La primera referencia no marginal parece ser de Jimmy Carter, *Palestine: Peace not apartheid*.

ejército que, además, es prácticamente un anexo de la fuerza
militar que domina al mundo en niveles que rebasan cualquier
precedente histórico, hecho que no pasa desapercibido para los
pueblos de la región.

Aun así podría haber una paz justa. Existen muchos ejemplos
históricos de que conflictos aparentemente irresolubles concluyen
y se revierten. Irlanda del Norte es un caso reciente; aunque las
cosas no son ideales, han mejorado enormemente de como estaban hace diez años.

Sudáfrica es otro caso. Apenas hace unos pocos años los conflictos raciales y la represión violenta parecían estar empujando a
la sociedad a una situación desesperada. Las cosas han mejorado
notablemente desde entonces, aunque para esa mayoría de la
población compuesta por los negros pobres las condiciones difícilmente sean mucho más placenteras, y para muchos han em-
peorado.

En Israel y Palestina el horror y el sufrimiento añaden rocas a
los muros de odio, miedo y ardiente deseo de venganza. Pero
nunca es demasiado tarde para derribar esos muros.

Solamente quienes padecen el dolor cotidiano y prevén un
peor mañana pueden emprender directamente y con seriedad
esta tarea, pero los que están afuera pueden ayudar de manera
sustantiva a facilitarles el camino, aunque no hasta mientras no
estén dispuestos a enfrentar con honestidad sus propios papeles
y responsabilidades... y a trazar una hoja de ruta significativa y
congruente, así como a forzar a sus respectivos gobiernos a ponerla en práctica.

7. EL 11 DE SEPTIEMBRE Y LA "ERA DEL TERROR"

Entre las reverberaciones de las bombas suicidas en Bagdad, Jerusalén y Najaf, y los demás horrores incontables cometidos desde el 11 de septiembre, es fácil entender por qué muchos piensan que el mundo ha entrado en una nueva y espeluznante "era de terror", título de una compilación de ensayos recientemente publicada por académicos de la Universidad de Yale y otros. Sin embargo, a dos años del 11 de septiembre, Estados Unidos todavía tiene que confrontar las raíces del terrorismo, ha hecho más la guerra que la paz y se han ido elevando continuamente las probabilidades de una confrontación internacional.

El 11 de septiembre el mundo reaccionó conmocionado y horrorizado, con empatía por las víctimas. Pero es importante no olvidar que para gran parte del mundo hubo una reacción más: "Bienvenidos al club." Por vez primera en la historia una potencia occidental fue sometida a una atrocidad de la clase que tan familiar resulta en otros lugares.

Cualquier intento de aprehender el sentido de los hechos ocurridos desde el 11 de septiembre deberá comenzar, naturalmente, con una investigación del poderío norteamericano, de cómo ha reaccionado y qué camino puede tomar.

A un año del 11 de septiembre Afganistán ya estaba siendo atacado. Quienes aceptan las más elementales normas morales tienen la tarea de demostrar que Estados Unidos y Gran Bretaña tenían razón en bombardear Afganistán para obligarlo a entregar a los sospechosos de cometer atrocidades: la razón oficial que dieron cuando empezaron los bombardeos.[1]

---

[1] Los talibanes pidieron evidencias para apoyar la exigencia norteamericana de entregar a Osama bin Laden y sus asociados. La administración Bush se negó a proporcionarlas... porque, como después se supo, no las tenía. Ocho meses después el

Luego, en septiembre de 2002, el estado más poderoso de la historia anunció una nueva Estrategia de Seguridad Nacional, declarando que mantendría permanentemente la hegemonía global. El menor reto será detenido por la fuerza, la dimensión en que Estados Unidos reina supremo.

Al mismo tiempo comenzaron a sonar los tambores de guerra a fin de movilizar a la población para la invasión a Iraq. Y se inició la campaña para las elecciones legislativas, que determinarían si la administración sería capaz de llevar a cabo su radical plataforma internacional y nacional.

Los últimos días de 2002 —escribió Michael Krepon, especialista en política exterior— fueron "los más peligrosos desde la crisis cubana de los misiles, en 1962", que Arthur Schlesinger describió acertadamente como "el momento más peligroso en la historia de la humanidad". El motivo de preocupación de Krepon era un "cinturón inestable de proliferación de armas nucleares de Pyongyang a Bagdad", que incluye a "Irán, Iraq, Corea del Norte y el subcontinente indio". Las iniciativas de la administración

director del FBI, Robert Mueller, informó a la prensa que en ese momento el FBI "creía" que el plan del 11 de septiembre se gestó en Afganistán pero se desarrolló en los Emiratos Árabes Unidos y en Europa. Tres semanas después de haberse iniciado el bombardeo cambiaron los objetivos oficiales: el almirante británico sir Michael Boyce les hizo saber a los afganos que serían bombardeados "hasta que cambiasen a sus dirigentes", ejemplo prototípico de extraordinario terrorismo de estado. El bombardeo fue amargamente denunciado por importantes afganos opositores a los talibanes, incluyendo al favorito norteamericano, Abdul Haq, quien le rogó a Washington que dejase de matar afganos inocentes sólo para "presumir sus fuerzas", socavando, mientras tanto, los esfuerzos por derrocar a los talibanes desde adentro, lo cual, en retrospectiva, parece haber sido cierto. También hubo una fuerte oposición al bombardeo en la mayor parte del mundo, según reveló la encuesta internacional Gallup, oposición enérgica cuando afectaba a civiles, como ocurrió desde el primer momento. Al parecer en Estados Unidos no se informó de la encuesta. El bombardeo se llevó a cabo con la expectativa de que podría hacer que varios millones de personas muriesen de inanición, razón por la que fue duramente criticado prácticamente por todos los organismos de ayuda internacional. Meses más tarde la principal especialista de Harvard sobre Afganistán, Samina Ahmed, escribió en la revista *International Security*, de esa universidad (invierno 2001-2002), que "debido a que los ataques militares de Estados Unidos interrumpieron la ayuda humanitaria millones de afganos corren un serio peligro de morir de hambre". El hecho de que esta operación se presente como ejemplo cabal de una "guerra justa", sin cuestionamientos, constituye un impactante comentario sobre la cultura moral e intelectual de Occidente.

Bush, en 2002 y 2003, no han hecho más que incrementar el peligro dentro y cerca de este cinturón inestable.

La Estrategia de Seguridad Nacional declara que Estados Unidos —y nadie más— tiene derecho a iniciar una "guerra preventiva": preventiva, no anticipada, utilizando la fuerza militar para eliminar una amenaza percibida, aunque sea inventada o imaginada. En pocas palabras, la guerra preventiva es el "crimen supremo" condenado en Nuremberg.

Desde principios de septiembre (2002) la administración Bush expuso sombrías advertencias acerca del peligro que representaba Saddam Hussein para Estados Unidos, insinuando abiertamente que tenía vínculos con al-Qaeda y que estaba involucrado en los ataques del 11 de septiembre. El ataque propagandístico coadyuvó a que la administración ganara algo de apoyo de una población asustada por la prevista invasión a un país que se sabía prácticamente carente de defensas, y un trofeo valioso, en el corazón del principal sistema energético del mundo.

En mayo pasado (2003), después del presunto fin de la guerra en Iraq, el presidente Bush aterrizó en la cubierta del portaaviones *Abraham Lincoln* y declaró que había obtenido una "victoria en la guerra contra el terror [al haber] eliminado a un aliado de al-Qaeda".

Pero el 11 de septiembre de 2003 se aproxima sin que haya pruebas creíbles del supuesto vínculo entre Saddam y su acérrimo enemigo Osama bin Laden. Y el único vínculo conocido entre la victoria y el terrorismo es que la invasión de Iraq parece haber incrementado los reclutamientos de al-Qaeda y la amenaza de actos terroristas.

El *Wall Street Journal* reconoció que esta obra de fantasía que Bush montó cuidadosamente en el *Abraham Lincoln* "marca el comienzo de su campaña de reelección en 2004", que la Casa Blanca espera "que se construirá en la medida de lo posible en torno a los temas de la seguridad nacional". Si la administración deja que prevalezcan las cuestiones internas, se encuentra en graves problemas.

Mientras tanto Bin Laden sigue suelto. Y el origen de los atentados con ántrax después del 11 de septiembre se desconoce, fracaso tanto más sorprendente cuanto que se presume que el origen del ántrax es nacional, tal vez incluso procede de un laboratorio federal de armas. Las armas iraquíes de destrucción masiva pasaron silenciosamente al olvido.

Para el segundo aniversario del 11 de septiembre, y los que vendrán, tenemos básicamente dos opciones. Podemos seguir adelante confiados en que el sancionador global expulsará el mal del mundo, tal como lo declaran los redactores de discursos del presidente, plagiando epopeyas antiguas y cuentos infantiles.

O bien podemos someter a escrutinio las doctrinas de la supuesta gran nueva era, llegando a conclusiones racionales, tal vez encontrando algunas explicaciones en la realidad emergente.

Las guerras que se contemplan en "la guerra contra el terror" van a durar mucho. "No se puede decir cuántas guerras se necesitarán para garantizar la libertad en la patria", anunció el presidente el año pasado. Es cierto. Las amenazas potenciales o inventadas no tienen límite. Y hay sólidos motivos para creer que serán más severas como resultado de la ilegalidad y la violencia de la administración Bush.

También deberíamos ser capaces de apreciar los recientes comentarios en este sentido de quien fuera, de 1996 a 2000, director del Servicio de Seguridad General (Shabak, Shin Bet) de Israel, Ami Ayalon, quien observó que "los que quieren la victoria" contra el terrorismo sin atacar los agravios que hay detrás "quieren una guerra sin fin".

Es fácil generalizar esta observación.

El mundo tiene buenos motivos para ver qué está ocurriendo en Washington con temor y trepidación. Hay que repetir una y otra vez que quienes están mejor ubicados para mitigar estos temores son los norteamericanos, afortunados porque pueden hacer más que nadie para dar forma al futuro, gracias al poder de su propio estado, a la libertad y a los privilegios de que gozan, tan elevados en términos comparativos.

8. ESTADOS UNIDOS Y LAS NACIONES UNIDAS

17 DE OCTUBRE DE 2003

Estados Unidos, confrontado con los extraordinarios fracasos de la ocupación militar de Iraq, le pidió a las Naciones Unidas que absorbiera parte de los costos.

El Consejo de Seguridad de la ONU aprobó la resolución de Estados Unidos y el Reino Unido unánime pero no inequívocamente. China, Francia y Rusia, miembros permanentes del consejo, se opusieron a la resolución y no contribuirán con tropas ni con más dinero, pero, junto con Alemania, Pakistán y otros países, se sometieron a la presión de los norteamericanos para preservar una unidad simbólica.

Sigue habiendo graves divisiones, especialmente en torno a si las fuerzas de ocupación van a transferir el suficiente poder político a los iraquíes, y cuándo.

La respuesta mixta a la resolución refleja una historia de arbitrariedad de Washington para con la comunidad internacional y las propias Naciones Unidas.

La guerra contra Iraq iniciada por Estados Unidos se llevó a cabo sin el respaldo de la ONU. Washington actuó en concordancia con la Estrategia de Seguridad Nacional que la administración Bush anunció en septiembre del año pasado (2002), que declara el derecho de Estados Unidos a emplear la fuerza, unilateralmente, si es necesario, en contra de enemigos potenciales.

De manera habitual, cuando la ONU no es un instrumento a su servicio, Washington la descarta. El año pasado (2002), por ejemplo, el Comité de Desarme y Seguridad Internacional de la ONU adoptó una resolución que exigía medidas más enérgicas para impedir la militarización del espacio, y otra que reafirma el Protocolo de Ginebra de 1925 contra del uso de gases tóxicos y la guerra bacteriológica. Ambas resoluciones fueron aprobadas por unanimidad, con dos abstenciones: Estados Unidos e Israel.

En la práctica, la abstención norteamericana equivale a un veto.

Desde los sesenta Estados Unidos ha ido con mucho a la cabeza de los vetos a las resoluciones del Consejo de Seguridad, aun los que conminan a los estados a observar la ley internacional. Gran Bretaña está en segundo lugar; Francia y Rusia mucho más atrás. Aun ese historial se ve distorsionado por el hecho de que el enorme poder de Washington a menudo compele al debilitamiento de las resoluciones que objeta, o deja completamente fuera de la agenda cuestiones de capital importancia.

En Estados Unidos suele pasarse por alto o minimizarse el uso rutinario del veto por parte del defensor del mundo; a veces también es aclamado como una cuestión de principio de un Washington atacado por todos. Pero no se advierte que esta postura socava la legitimidad y la credibilidad de la ONU, como evidentemente ocurre. Más bien lo que se ve como problema es la renuencia de otros a seguirle los pasos a Estados Unidos en un despliegue de arrogancia que no sirve para ganar amigos.

Durante el debate en la ONU sobre Iraq Washington insistió en su prerrogativa de actuar unilateralmente. En una conferencia de prensa, el 6 de marzo, por ejemplo, Bush dijo que no hay más que "una sola pregunta: ¿El régimen iraquí se ha desarmado completa e incondicionalmente como lo requiere la [resolución de la ONU] 1441, sí o no?" No dejó duda alguna de que el que debía decidirlo era su país y nadie más; no, desde luego, la ONU. Además, de inmediato dejó en claro que la respuesta no tenía importancia, al anunciar que "cuando de nuestra seguridad se trata, realmente no necesitamos permiso de nadie".

De modo que las inspecciones de la ONU y las deliberaciones del Consejo de Seguridad fueron una farsa; ni siquiera se le dio importancia al cumplimiento minuciosamente verificado. Estados Unidos instituiría el régimen de su elección en Iraq aun si Saddam se desarmaba completamente, incluso si él y su familia salían del país, según dijo el presidente norteamericano en la Cumbre de las Azores, en vísperas de la invasión.

Cuando el ejército ocupante no encontró las armas iraquíes de destrucción masiva, la administración cambió su postura de tener la "certeza absoluta" acerca de la existencia de las mismas y declaró que Estados Unidos tiene derecho a actuar contra cualquier nación que tenga incluso la intención de desarrollarlas. Eliminar el requisito para recurrir a la fuerza es la consecuencia más significativa del derrumbe de la proclamada justificación de la invasión.

Hoy la cuestión suprema sigue siendo quién gobierna en Iraq. Pocos confían que Estados Unidos vaya a establecer un gobierno al que se le permitirá ser independiente, motivo por el cual la opinión mundial se pronuncia por que la ONU tome las riendas, tal como ocurre con la opinión pública estadunidense, según las encuestas realizadas desde abril (2003) por el Programa de Actitudes sobre Política Internacional (PIPA) de la Universidad de Maryland.

Es difícil juzgar la opinión de los iraquíes, pero una encuesta Gallup reciente (2003) realizada en Bagdad arrojó que la figura extranjera con mayor popularidad era Chirac, muy por arriba de Bush o de Blair. El presidente francés fue, por supuesto, el más destacado crítico de la invasión en el plano internacional.

Entre todos los cambios de justificaciones y pretextos, un principio permanece invariable: Estados Unidos debe poner fin a su control efectivo de Iraq, con alguna apariencia de democracia, si es factible.

Los lineamientos básicos del pensamiento de los norteamericanos están ilustrados en el organigrama de la "Administración Civil de Iraq en la Posguerra". Hay 16 casillas, cada una de las cuales contiene un nombre en negritas y la designación de la responsabilidad de la persona; encabeza la lista el enviado presidencial Paul Bremer (que rinde cuentas al Pentágono). Siete son generales; la mayoría de los demás son funcionarios gubernamentales. Al final hay una casilla 17, como de un tercio del tamaño de las demás, sin nombres, sin negritas y sin funciones, que reza: "asesores ministeriales iraquíes".

El presidente Bush ha buscado compartir los costos pero no el poder en el Iraq de posguerra. Quiere que quien esté a cargo sea Washington, no la ONU ni el pueblo iraquí.

9. LOS DILEMAS DE LA DOMINACIÓN

26 DE NOVIEMBRE DE 2003

Mientras Estados Unidos se esfuerza por imponer el orden en Iraq, y al mismo tiempo un régimen que se subordine a sus intereses, otra crisis amenaza con estallar en Corea del Norte.

Corea del Norte es el miembro más peligroso del llamado eje del mal. Pero al igual que Irán, y al contrario de Iraq, no cuenta con el primero de los criterios de los norteamericanos para ser considerada un objetivo legítimo. No está inerme.

Y tiene un elemento disuasivo: no armas nucleares (todavía) pero sí artillería reunida en la zona desmilitarizada, apuntando a Seúl, la capital de Corea del Sur, y a las decenas de miles de soldados norteamericanos que están justo al sur de la frontera. Se programó retirar a las tropas para que queden fuera del alcance de la artillería, con lo que a las dos Coreas les inquietan las intenciones de Estados Unidos.

En octubre de 2002 Estados Unidos acusó a Corea del Norte de haber iniciado secretamente un programa de enriquecimiento de uranio, en violación de un pacto de 1994. Desde entonces han llevado la provocación nuclear al límite, situación que a algunos observadores les recuerda la crisis cubana de los misiles. Este año (2003) Washington le ha dado una fea lección al mundo: si quieren defenderse de nosotros, imiten a Corea del Norte y conviértanse en una amenaza militar verosímil.[1]

---

[1] Para 2006 Corea del Norte había desarrollado, según se calcula, de ocho a diez armas nucleares, había reiniciado las pruebas con misiles de largo alcance y efectuado una prueba nuclear, que aparentemente fracasó. Estas novedades pueden agregarse al historial de logros de Bush. "Cuando subió al poder el presidente Bush —escribe Leon Sigal en el número de noviembre de 2006 de *Current History*—, los norcoreanos habían dejado de hacer pruebas con misiles de largo alcance. Tenían plutonio para una o dos bombas y se había comprobado que ya no estaba produciéndolo." Sigal, que es uno de los especialistas más destacados en el tema, pasa revista al caso y llega a la conclusión de que Corea del Norte "ha ido golpe por golpe —cediendo cuando

Corea del Norte tampoco aprobó el segundo de los criterios de los norteamericanos para ser considerada un objetivo legítimo: es uno de los países más pobres y más miserables del mundo.

Sólo que posee una importancia geoestratégica que podría hacerla blanco de un ataque norteamericano... si puede contrarrestarse el elemento disuasivo. Corea del Norte se localiza en el noreste de Asia, una región que plantea su propio desafío a los sueños de dominación global de Washington.

Se confrontan tres centros económicos globales: Estados Unidos, Europa y el noreste de Asia, en una nueva forma del sistema "tripolar" mundial que ha venido surgiendo durante los últimos treinta años.

En una dimensión, la militar, Estados Unidos es una categoría *per se*, pero en otras no. Las regiones maniobran en una competencia por el poder a pesar de los complejos vínculos que existen entre ellas y de los intereses de sus élites, en gran medida compartidos.

En un reciente estudio realizado por el Grupo de Expertos para Políticas EUA/Corea —dirigido por Selig Harrison para el Centro de Política Internacional, en Washington, y para el Centro de Estudios del Este de Asia, en Chicago— se examinan las cuestiones que van surgiendo en el noreste de Asia y el mundo.

Washington coopera y desquitándose cuando se echa para atrás—, en un esfuerzo por ponerle fin a la enemistad". En un caso importante, en 1993, Corea del Norte estaba a punto de acordar con Israel que le pondría fin a la exportación de misiles al Oriente Medio a cambio del reconocimiento diplomático, pacto que hubiese aumentado en gran medida la seguridad israelí. Pero Estados Unidos "presionó a Israel para cancelar el acuerdo sobre los misiles", cosa que en efecto ocurrió; en la relación de dependencia por la que ha optado, Israel tiene que cumplir órdenes. La revancha de Corea del Norte fue hacer su primera prueba de un misil de alcance medio. Este patrón de conducta prosiguió durante la presidencia de Clinton. El agresivo militarismo de Bush tuvo el efecto que era de prever, tal como (según se había predicho) provocó el desarrollo de armamento militar ofensivo por parte de Rusia y, más tarde, de China. Tras las imputaciones que hizo Bush en 2002 Corea del Norte volvió al desarrollo de misiles y armas nucleares. Por fin, debido a la presión de los países asiáticos, la administración Bush accedió a negociar, lo que condujo a que en septiembre de 2005 se acordase que Corea del Norte abandonaría "todas las armas nucleares y programas para las mismas" y aceptaría inspecciones internacionales a cambio de ayuda internacional y un compromiso de no agresión por parte de Estados Unidos, con el pacto de que ambos lados "respetarían mutuamente su soberanía, coexistirían en forma pacífica y emprenderían acciones para normalizar sus relaciones". Inmediatamente la

El noreste de Asia es ahora la región económica más dinámica del mundo, con cerca de 30% del producto nacional bruto global, mucho más que Estados Unidos (19%), y la mitad de las reservas de divisas extranjeras. Estados Unidos y Europa comercian hoy más con el noreste de Asia que entre sí.

El noreste de Asia abarca dos grandes sociedades industriales, Japón y Corea del Sur, y China se está convirtiendo también en una sociedad industrial. Siberia es rica en recursos naturales, entre otros petróleo. La región está incrementando su comercio interno y conectándose con los países del sureste de Asia en una asociación informal a veces llamada ASEAN más tres: China, Japón y Corea del Sur.

Se están construyendo oleoductos desde los centros de origen, como Siberia, hasta los centros industriales. Algunos de ellos irían, naturalmente, de Corea del Norte a Corea del Sur, y el ferrocarril transiberiano podría extenderse siguiendo el mismo curso.

Estados Unidos es ambivalente respecto a la integración del noreste de Asia. Lo que a Washington le preocupa es que las regiones integradas, como Europa o el noreste de Asia, pudieran buscar un camino más independiente y convertirse en lo que en los años de la guerra fría solía llamarse una "tercera fuerza".

El Grupo de Expertos para Políticas EUA/Corea recomienda que Washington busque una solución diplomática para la actual

administración Bush atentó contra el acuerdo al desintegrar al consorcio internacional que se había organizado para entregar el reactor de agua ligera prometido, renovando la amenaza de usar la fuerza y presionando a los bancos para que congelasen las cuentas norcoreanas en divisas fuertes, incluidos los ingresos por el comercio exterior legítimo. (Véanse Sigal; *Financial Times*, 10 de octubre de 2006; profesor Thomas Kim, director ejecutivo del Korea Policy Institute, www.kpolicy.org.)

Washington alegó que Corea del Norte estaba usando los bancos para falsificar dólares norteamericanos. La credibilidad de esa afirmación de la administración Bush es tan escasa que es imposible sacar conclusiones de la misma. El periódico conservador *Frankfurter Allgemeine Zeitung* informa que la falsificación puede ser una operación de la CIA ("Geldfälschung: Stammen die 'Supernotes' von der CIA?", 6 de enero de 2007).

Para febrero de 2007 "la creciente presión sobre el régimen de Corea del Norte y una belicosa administración norteamericana que quería alcanzar el éxito en sus tratos con uno de los 'ejes del mal' han contribuido a alentar un soplo de vida en un proceso que desde hace mucho tiempo se consideraba moribundo" (Anna Fifield, "Negotiators seek right chemistry to curb N Korea's nuclear ambitions", *Financial Times*, 8 de febrero de 2007). O, mejor dicho, "una belicosa administración crisis con Corea del Norte, proceso que empezó intermitente e irregularmente con Clinton, "garantizando la seguridad de una Corea del Norte no nuclear, promoviendo la reconciliación de las dos Coreas, y llevando a Corea del Norte a un compromiso económico con sus vecinos".

Estas interacciones podrían acelerar las reformas económicas en Corea del Norte, desembocando con el tiempo "en una difusión del poder económico que podría relajar los controles políticos totalitarios y moderar las violaciones a los derechos humanos".

Estas medidas se ajustarían al consenso regional. La alternativa —confrontación a la manera de la grandiosa estrategia de guerra preventiva de Bush-Cheney-Rumsfeld— "podría arrastrar al noreste de Asia y a Estados Unidos a una guerra no deseada", sostiene el Grupo de Expertos.

Una política más moderada podría alentar al noreste de Asia, al igual que a Europa, a ir por caminos más independientes, cosa que, no obstante, haría más difícil para Estados Unidos mantener un orden global en el que los otros tuviesen que respetar el lugar que se les asignase.

La dependencia energética ha ocupado un lugar central en estas interacciones. Desde la segunda guerra mundial los planificadores estadunidenses han buscado el control de los enormes recursos energéticos del Medio Oriente como palanca para el

---

norteamericana" desesperada por mostrar que lograba algo, accedió volver a las negociaciones. La versión preferida en Estados Unidos fue que el obstinado negociador Christopher Hill, que es la principal fuente citada, "está tratando de hacer que el proceso vuelva al punto en que estaba en septiembre de 2005", cuando "se interrumpieron las conversaciones para poner en práctica lo acordado" por razones que no se aclaran, "y Corea del Norte probó un aparato nuclear desafiando las advertencias internacionales" (Jim Yardley, "Nuclear talks on North Korea set to resume in Beijing", *New York Times*, 8 de febrero de 2007). Y no acaba ahí la cosa. Se alcanzó un acuerdo similar al que había torpedeado Washington en septiembre de 2005. Al mismo tiempo el gobierno reconoció que sus acusaciones de 2002 se basaban en evidencias dudosas. Se piensa que esa concesión es "preventiva" y que se debe a la preocupación de que si, según los términos del nuevo acuerdo, entran a Corea del Norte inspectores internacionales de armas, las imputaciones estadunidenses sobre la base de presunta información de inteligencia puedan "compararse, una vez más, con lo que se encuentra en realidad" y corran la misma suerte que en Iraq (David Sanger y William Broad, "U. S. concedes uncertainty on Korean uranium effort", *New York Times*, 1 de marzo de 2007). Como señala Sigal, de esto se derivan lecciones para todos: la diplomacia puede funcionar... si se la practica de buena fe.

control del mundo. Reconociendo lo inevitable, Europa y las potencias asiáticas emergentes han tratado de obtener sus propios recursos libres del "poder de veto" del control estadunidense del abasto de energía y de las rutas marítimas. Gran parte del conflicto en torno al Medio Oriente, al igual que en torno a Asia central, es reflejo de estas inquietudes.

Hace mucho que Estados Unidos reacciona ásperamente a las "fructíferas provocaciones" de países del tercer mundo como Cuba, que buscaron una vía independiente hacia el desarrollo, dando prioridad a sus necesidades nacionales y no a las de los inversionistas extranjeros y los planificadores de Washington. Estados Unidos también se ha preocupado siempre por el corazón industrial de las principales potencias, y hoy más que nunca, ya que el carácter básicamente "tripolar" del orden económico mundial está tomando nuevas formas.

La invasión a Iraq fue una "acción ejemplar", una demostración al mundo de que la administración Bush hablaba en serio cuando planteó su doctrina de utilizar la fuerza según le plazca para reafirmar su dominación global y para impedir cualquier desafío en potencia, por remoto que sea. Hay otros que sin duda han aprendido la lección.

La historia ha demostrado que la violencia es un poderoso instrumento de control. Pero los dilemas de la dominación no son leves.

10. SADDAM HUSSEIN ANTE EL TRIBUNAL

15 DE DICIEMBRE DE 2003

Todas las personas interesadas de alguna forma en los derechos humanos, la justicia y la integridad deberían regocijarse por la captura de Saddam Hussein, así como esperar que reciba un juicio justo en un tribunal internacional.[1]

La acusación a Saddam por las atrocidades cometidas incluiría no solamente la matanza y los ataques con gas a los kurdos en 1988 sino también, y decisivamente, la matanza de los rebeldes chiitas que podrían haberlo depuesto de su cargo en 1991.

En aquel tiempo Washington y sus aliados sostuvieron "la opinión sorprendentemente unánime [de que], cualesquiera que fueran los pecados del líder iraquí, había dado a Occidente y a la región mayores esperanzas de estabilidad en su país que aquellos que sufrieron su represión", informó Alan Cowell en el *New York Times*. El término "estabilidad" es el nombre, en clave, de la subordinación a los intereses de Estados Unidos. No hubo contradic-

---

[1] Saddam Hussein fue juzgado y ejecutado por su intervención en el asesinato de unas 150 personas en 1982, lo que, ante su horrendo historial, representa una trivialidad. Las principales organizaciones de derechos humanos denunciaron que el juicio fue sumamente injusto. Los comentarios ignoraron por entero la importancia del año 1982 en los asuntos norteamericanos-iraquíes. Al respecto, véase la página 123.

Si acaso raras veces se mencionaba el apoyo de Estados Unidos y el Reino Unido a Saddam se lo excusaba afirmando que Iraq estaba en guerra contra Irán, enemigo mucho más peligroso. El pretexto es infundado. Los dos primeros países siguieron dándole su apoyo a Saddam, sin mayores cambios, incluyendo el abastecimiento de medios para producir armas de destrucción masiva, después de concluida la guerra con Irán. En 1989 se invitó a ingenieros atómicos iraquíes a recibir capacitación avanzada en Estados Unidos. en abril de 1990, cuatro meses antes de que Saddam invadiera Kuwait, una delegación de senadores de alto nivel, encabezada por Bob Dole, quien en 1996 sería candidato republicano a la presidencia, viajó a Iraq a transmitir los mejores deseos del presidente Bush a Saddam y a asegurarle que no debía preocuparse por las críticas que oyese de algunos comentaristas descarriados en Estados Unidos. El apoyo se mantuvo hasta la invasión a Kuwait. El desempeño británico fue aún peor.

ción alguna, por ejemplo, cuando el analista político liberal James Chace, ex editor de *Foreign Affairs*, observó, en el número del 22 de mayo de 1977 del *New York Times Magazine* que los "intentos de [Nixon y Kissinger] por desestabilizar a un gobierno marxista libremente elegido en Chile" se llevaron a cabo porque "estábamos decididos a buscar la estabilidad".

En diciembre pasado (2002) Jack Straw, secretario de Relaciones Exteriores de Gran Bretaña, dio a conocer un expediente de los crímenes de Saddam, casi todos del periodo durante el cual recibió el sólido apoyo norteamericano y británico. Con el acostumbrado despliegue de integridad moral, el reporte de Straw y la reacción de Washington pasaron por alto ese apoyo.

Estas prácticas reflejan una artimaña hondamente enraizada en la cultura en general, una artimaña llamada a veces doctrina de cambio de curso, invocada en Estados Unidos cada dos o tres años. El contenido de la doctrina reza: "Sí, en el pasado hicimos algunas cosas incorrectas por inocencia o por inadvertencia. Pero todo eso ya pasó, así que no perdamos más tiempo en estas cosas aburridas y estériles."

La doctrina es deshonesta y cobarde pero tiene sus ventajas: nos protege del peligro de entender lo que está pasando ante nuestros ojos.

Por ejemplo, el motivo original de la administración para ir a la guerra en Iraq era salvar al mundo de un tirano que estaba produciendo armas de destrucción masiva y cultivando vínculos con el terror. Hoy nadie se lo cree, ni siquiera los que escriben los discursos de Bush.

Después que esas acusaciones resultaron falsas, el nuevo motivo es que invadimos Iraq para establecer ahí una democracia y, en realidad, para democratizar a todo el Medio Oriente.

A veces la repetición de esta postura de construir democracia alcanza los niveles de una entusiasta aclamación. El mes pasado, por ejemplo, David Ignatius, comentarista del *Washington Post*, describió la invasión de Iraq como "la guerra más idealista de los tiempos modernos", librada exclusivamente para llevar la democracia a Iraq y a la región.

Ignatius estaba especialmente impactado por Paul Wolfowitz, "el idealista en jefe de la administración Bush", al que describe como un intelectual genuino al que "le aflige la opresión [del mundo árabe] y sueña con liberarlo".

Tal vez esto ayude a explicar la carrera de Wolfowitz; por ejemplo su firme apoyo a Suharto en Indonesia, uno de los peores asesinos de masas y agresores del siglo xx, cuando fue embajador en aquel país durante la presidencia de Reagan y tanto entonces como posteriormente se convirtió en uno de los principales sustentos de Suharto.[2]

Cuando, con Reagan, era el funcionario del Departamento de Estado encargado de los asuntos del Pacífico y el este de Asia, Wolfowitz supervisó el apoyo a los dictadores homicidas Chun de Corea del Sur y Marcos de Filipinas.

Todo esto es irrelevante debido a la conveniente doctrina del cambio de curso. Así que, sí, el corazón de Wolfowitz sangra por las víctimas de la opresión, y si los registros muestran lo contrario, se trata tan sólo de esas cosas fastidiosas que queremos olvidar.

Podríamos evocar otra reciente muestra del amor de Wolfowitz por la democracia. El parlamento turco, atendiendo la opinión de sus ciudadanos, que se opusieron de manera casi unánime a la guerra en Iraq, se negó a permitir que las fuerzas norteamericanas se desplegaran plenamente desde Turquía. Esto suscitó la furia absoluta de Washington.

Wolfowitz fue quien adoptó la posición más extrema. Denunció al ejército turco por no haber intervenido para revertir la decisión y exigió que se disculpasen con Estados Unidos por ese agravio. Turquía estaba prestando oídos a sus ciudadanos, no aceptando las órdenes emitidas desde Crawford, Texas.

El capítulo más reciente es la "Determinación y hallazgos" de Wolfowitz en las pujas por los jugosos contratos de reconstrucción en Iraq. Quedaron excluidos los países cuyos gobiernos se atrevieron a asumir la misma posición que la vasta mayoría de la pobla-

---

[2] La designación de Wolfowitz como presidente del Banco Mundial, en 2005, fue acompañada por elogiosísimos artículos sobre su entrega a la democracia y el desarrollo, así como su lucha contra la corrupción. Nada se decía sobre sus atroces antecedentes en contra de los derechos humanos y la democracia en Indonesia, acerbamente criticados allí, en ese momento, por los activistas, ni sobre su papel en el derrumbe de la economía y el informe de Transparencia Internacional en el momento en que su amigo Suharto era, con mucho, el campeón mundial de la corrupción. Para mayores detalles véase *Failed states*, p. 133 ss.

ción. Wolfowitz alegó que era por "intereses de seguridad" —que son inexistentes, aunque es difícil dejar de ver el odio visceral a la democracia—, junto con el hecho de que Halliburton y Bechtel tendrán el camino libre para "competir" con las vibrantes democracias de Uzbekistán y las islas Salomón, aunque no con las principales sociedades industriales.

Lo verdaderamente revelador e importante para el futuro es que el desdén por la democracia mostrado por Washington fue de la mano con un coro de adulaciones acerca de su anhelo de democracia. Ser capaces de esto constituye un logro impresionante, difícil de imitar siquiera en un estado totalitario.

Los iraquíes tienen su propia percepción de este proceso de conquistadores y conquistados.

Los británicos crearon Iraq para servir a sus propios intereses. Cuando gobernaban en esa parte del mundo analizaron la forma de montar lo que llamaban fachadas árabes: gobiernos débiles, manejables, parlamentarios de ser posible, mientras los británicos gobernaran de facto.

¿Quién espera que Estados Unidos permita alguna vez que exista un gobierno independiente en Iraq? Sobre todo ahora que Washington se ha reservado el derecho de instalar bases militares permanentes ahí, en el corazón de la zona de mayor producción petrolera del globo, y ha impuesto un régimen económico que ningún país soberano aceptaría, poniendo el destino del país en manos de corporaciones occidentales.

A lo largo de la historia aun las medidas más brutales y vergonzosas han ido acompañadas, en general, de la declaración de nobles intenciones, y de la retórica acerca del otorgamiento de libertad e independencia.

Con una mirada honesta podríamos hacer extensiva la observación de Thomas Jefferson sobre la situación mundial de su época: "No creemos que Bonaparte luche meramente por la libertad en los mares, como tampoco que Gran Bretaña luche por la liberación de la humanidad. El objetivo es el mismo: allegarse el poder, la riqueza y los recursos de otras naciones."

11. SADDAM HUSSEIN Y LOS CRÍMENES DE ESTADO

22 DE ENERO DE 2004

Uno se pregunta qué situaciones —y qué hechos vergonzosos— van a salir a la superficie en el tribunal debido a la prolongada y tortuosa asociación entre Saddam Hussein y el Occidente.[1]

En un (prácticamente inconcebible) juicio justo para Saddam Hussein, un abogado defensor podría con razón llamar a declarar a Colin Powell, Dick Cheney, Donald Rumsfeld, el primer Bush y otros altos funcionarios de las administraciones Reagan y Bush que prestaron gran apoyo al dictador mientras cometía las peores atrocidades.

Un juicio justo aceptaría cuando menos el elemental principio moral de la universalidad: los acusadores y el acusado deben estar sujetos a las mismas normas. En los tribunales de crímenes de guerra los precedentes son turbios. Hasta en Nuremberg, el menos viciado de semejantes tribunales (y con la peor colección de gángsteres que probablemente se hayan reunido jamás), los alemanes utilizaron una definición operativa de "crimen", cosa que los aliados no hicieron.

"Hussein, al igual que Milosevic, va a tratar de abochornar a Occidente hablando del apoyo que antes le dio a su régimen, apoyo que legalmente es irrelevante pero que pondría nerviosos a Jacques Chirac y a Donald Rumsfeld", escribió recientemente, en el *Boston Globe*, Gary J. Bass, profesor de la Universidad de Princeton y autor de *Stay the hand of vengeance: The politics of war crimes tribunals* (2000).

---

[1] Como se mencionó antes, el tribunal se limitaba a los crímenes de 1982, muy leves, para tratarse de Saddam, lo que aseguraba que no saldría a la luz el vergonzoso papel de Estados Unidos, Gran Bretaña y otras naciones que apoyaron sus crímenes... ni tampoco la importancia de las relaciones entre estadunidenses e iraquíes en 1982.

Por supuesto que, para un juicio en verdad justo (como lo muestran una gran variedad de documentos del Congreso y otros) sería relevante el hecho de las deshonrosas componendas de Washington con Saddam durante los años ochenta. El pretexto inicial fue que Iraq se desembarazara de Irán, al que atacó con ayuda de Estados Unidos, pero el respaldo continuó bastante tiempo después de terminada la guerra.

Ahora los responsables de las políticas de componendas están llevando a Saddam ante la justicia.

Rumsfeld, en su calidad de enviado especial de Reagan al Medio Oriente, visitó Iraq en 1983 y 1984 para establecer relaciones más sólidas con Saddam (al mismo tiempo que la administración criticaba a Iraq por el uso de armas químicas).

Powell fue asesor de seguridad de Bush, padre, de diciembre de 1987 a enero de 1989, y unos meses después pasó a presidir el Estado Mayor Conjunto. Cheney fue secretario de Defensa del primer Bush. De tal modo que Powell y Cheney ocuparon puestos donde se tomaban las máximas decisiones durante el periodo en que Saddam cometió sus peores crímenes, cuando masacró y envenenó con gas a los kurdos en 1988 y aplastó en 1991 la rebelión de los chiitas que podrían haberlo derrocado.

Hoy, bajo el mando del segundo Bush, Powell y Cheney sacan a relucir constantemente esas atrocidades para justificar las embestidas contra el demonio; son ciertas, sólo que falta el elemento crucial que es el apoyo prestado a Saddam durante ese periodo.

En octubre de 1989 el primer Bush emitió una directiva de seguridad nacional, declarando que "las relaciones normales entre Estados Unidos e Iraq servirán a nuestros intereses de largo plazo y promoverán la estabilidad tanto en el golfo como en el Medio Oriente".

Estados Unidos ofreció el abasto de alimentos subsidiados que tanta falta hacían al régimen de Saddam tras la destrucción de la producción agrícola kurda, junto con tecnología avanzada y agentes biológicos adaptables a las armas de destrucción masiva.

Cuando Saddam se pasó de la raya e invadió Kuwait, en agosto de 1990, las medidas y los pretextos cambiaron, pero un elemento permaneció constante: los iraquíes no deben tener el control de su país.

En 1990 las Naciones Unidas impusieron sanciones económicas a Iraq, administradas principalmente por Estados Unidos y Gran Bretaña. Dichas sanciones, que siguieron vigentes durante el régimen de Clinton y el segundo Bush, son quizás el legado más lamentable de la política estadunidense para con Iraq. Ningún occidental conoce mejor Iraq que Denis Halliday y Hans von Sponeck, que trabajaron sucesivamente en el país como coordinadores humanitarios de la ONU de 1997 a 2000. Ambos renunciaron para protestar contra el régimen de sanciones, que Halliday caracterizó como "genocida". Tal como Halliday, Von Sponeck y otros habían venido señalando, durante años, que las sanciones habían asolado a la población iraquí y a la vez fortalecido a Saddam y su camarilla, aumentando la dependencia de la gente respecto del tirano para su supervivencia.

"Hemos sostenido [al régimen de Saddam] y negado las oportunidades de cambio —dijo Halliday en 2002—. Estoy convencido de que si a los iraquíes se les devolviera su economía, su existencia, y se les restituyera su modo de vida, se encargarían de tener la forma de gobierno que desean, que creen conveniente para su país."[2]

Se permita o no que esta historia salga a la luz en un tribunal, la cuestión de quién estará a cargo del gobierno en Iraq en el futuro sigue siendo decisiva, y muy peleada en este momento.

Aparte de esta cuestión decisiva, los que estaban preocupados por la tragedia de Iraq tenían tres metas básicas: 1) derribar la ti-

---

[2] Respecto al aterrador impacto de las sanciones, y el papel primordial de Estados Unidos y el Reino Unido para cerciorarse de castigar salvajemente a la población de Iraq, véase, de Hans von Sponeck, *A different kind of war: The UN sanctions regime in Iraq* (2006). En 2000 Von Sponeck renunció a su cargo como director del programa Petróleo por Alimentos, por considerar que violaba la Convención contra el Genocidio. Como ya se señaló, su predecesor, Denis Halliday, asimismo distinguido diplomático internacional, había renunciado por las mismas razones. La administración Clinton bloqueó los esfuerzos de ambos por informar de la situación real al Consejo de Seguridad. Según explicó el vocero del Departamento de Estado, James Rubin, "a ese hombre que está en Bagdad le pagan para trabajar, no para hablar". Los medios de comunicación norteamericanos adoptaron la misma posición. Halliday y Von Sponeck eran los occidentales que más sabían de Iraq. Pese a eso —o tal vez debido a eso— sus voces no se oyeron en el público general de Estados Unidos durante los años previos a la invasión.

ranía; 2) poner fin a las sanciones que afectan a los ciudadanos, no a los gobernantes, y 3) preservar un remedo de orden mundial.

Entre las personas de bien no puede haber desacuerdo en cuanto a las dos primeras metas: alcanzarlas es motivo de regocijo, especialmente para los que protestaron por el apoyo norteamericano a Saddam y más tarde se opusieron al régimen de sanciones homicidas; pueden, pues, aplaudir sin hipocresía.

La segunda meta sin duda puede alcanzarse, y posiblemente la primera también, sin socavar la tercera.

La administración Bush ha declarado abiertamente sus intenciones de desmantelar lo que quedaba del orden mundial y gobernar el mundo por la fuerza, con Iraq como proyecto de demostración.

Esta intención ha suscitado temor y con frecuencia odio en todo el mundo, y desesperación entre los que están preocupados por las posibles consecuencias de tener que seguir siendo cómplices de las actuales políticas de agresión a voluntad de los norteamericanos. Ésta es, por supuesto, una decisión que, en gran parte, está en manos del pueblo norteamericano.

12. A GUISA DE ARMA, UN MURO

23 DE FEBRERO DE 2004

Es casi un reflejo que los gobiernos aleguen cuestiones de seguridad cuando emprenden alguna acción controvertida, a menudo como pretexto para otra cosa. Siempre conviene un minucioso escrutinio. La llamada valla de seguridad de Israel, que se tratará en audiencias a partir de hoy en la Corte Internacional de Justicia, en La Haya, es uno de esos casos.[1]

Pocas personas pondrían en tela de juicio el derecho de Israel de proteger a sus ciudadanos de ataques terroristas como el de ayer, incluso de levantar un muro de seguridad, si ése fuera el medio apropiado. También es evidente dónde se construiría semejante muro si la seguridad fuera la preocupación principal: dentro de Israel, en el interior de la frontera internacionalmente reconocida, la Línea Verde establecida después de la guerra de 1948-1949. El muro podría entonces ser tan amenazador como las autoridades quisieran: patrullado por el ejército por ambos lados, abundantemente minado, impenetrable. Dicho muro aumentaría la seguridad al máximo, y no habría protestas internacionales ni violaciones al derecho internacional.

Esta observación se entiende perfectamente. Mientras que el Reino Unido secunda a Estados Unidos en su oposición a las audiencias de La Haya, Jack Straw, su ministro de Relaciones Exteriores, ha escrito que el muro es "ilícito". Otro funcionario del

---

[1] Acerca del brutal impacto del muro israelí sobre la población palestina véase, entre muchos otros estudios, *Under the guise of security: Routing the separation barrier to enable the expansion of Israeli settlements in the West Bank* (B'Tselem, diciembre de 2005). Todo esto ocurre en flagrante violación de las leyes internacionales y la Corte Internacional, pero se lleva a cabo casi sin obstáculos gracias al apoyo de Estados Unidos, con el auspicio oficial del presidente Bush, y ya no una aprobación tácita, como antes. Véase también Sara Roy, "The Palestinian state: Division and despair", *Current History*, enero de 2004.

ministerio, que inspeccionó la "valla de seguridad", dijo que debía estar sobre la Línea Verde, o, "ciertamente, del extremo israelí de la línea". Una comisión investigadora parlamentaria británica pidió también que el muro se construyera en suelo israelí, condenando la barrera como parte de una "estrategia deliberada [de Israel] para mantener a raya a la población".

Lo que este muro está haciendo realmente es tomar territorio palestino. También está ayudando a convertir las comunidades palestinas en mazmorras, comparadas con las cuales los bantustanes de Sudáfrica parecen símbolos de libertad, soberanía y autodeterminación, según dice el sociólogo israelí Baruch Kimmerling al describir la guerra de Israel como un "politicidio" para los palestinos.

Antes de que se empezara la construcción, según cálculos de la ONU las barreras, proyectos y asentamientos de los israelíes habían creado cerca de cincuenta bolsones, en gran medida desconectados, de palestinos en la orilla occidental. Cuando el trazo del muro empezó a ser notorio el Banco Mundial estimó que probablemente iba a dejar aislados a entre 250 y 300 mil palestinos, más del 10% de la población, y que podría llegar a apropiarse, de hecho, hasta del 10% del territorio de la orilla occidental. Y cuando el gobierno de Ariel Sharon finalmente publicó su proyectado mapa, quedó claro que el muro dividiría a la margen occidental en dieciséis enclaves aislados, confinados sólo al 42% de las tierras de la orilla occidental que el señor Sharon había dicho anteriormente que podrían ser cedidas a un estado palestino, de acuerdo con lo que afirma un análisis de los informes de la ONU que elaboró Sara Roy, especialista en el Medio Oriente de la Universidad de Harvard.

El muro ya se ha apropiado algunas de las tierras más fértiles de la margen occidental. Y, lo que es decisivo, extiende el control de Israel sobre recursos acuíferos críticos, de los que Israel y sus colonos pueden hacer uso como les plazca, mientras que la población del lugar frecuentemente carece de agua potable.

A los palestinos que viven "en la costura" que queda entre el muro y la Línea Verde se les permitirá hacer una solicitud para obtener el derecho de vivir en su propia casa; los israelíes están autorizados automáticamente a utilizar estas tierras. "Escudarse tras justificaciones de seguridad y el lenguaje burocrático aparentemente neutral de las órdenes militares es la puerta para la expulsión —escribió la periodista israelí Amira Hass en el diario *Ha'aretz*—. Gota a gota, imperceptiblemente, no tantas como para que se note en el plano internacional y la opinión pública se escandalice." Lo mismo vale decir de los asesinatos constantes, el terrorismo y la cotidiana brutalidad y humillación de los últimos 35 años de dura ocupación, mientras los habitantes han sido despojados de la tierra y los recursos, seducidos por generosos subsidios, gracias al pagador extranjero, aunque no con apoyo de la población norteamericana.[2]

También es probable que Israel transfiera a la margen occidental ocupada a los 7 500 colonos que dijo este mes (febrero de 2004) que desalojaría de la franja de Gaza. Estos israelíes gozan hoy de abundantes tierras y agua dulce, mientras que un millón de palestinos apenas sobreviven y sus magros recursos acuíferos son prácticamente inutilizables. Gaza es una jaula, y a medida que la ciudad de Rafah, al sur, es demolida sistemáticamente, los residentes tal vez queden desconectados de Egipto y del mar.

Es engañoso llamar a esto política israelí. Es política norteamericana-israelí, posible gracias al incesante apoyo militar, económico, diplomático que Estados Unidos le presta a Israel. Y también ideológico, por la forma en que suelen presentarse los acontecimientos en los medios y ante la cultura intelectual.

Esto viene ocurriendo sobre todo desde 1971, cuando, con el respaldo de Washington, Israel rechazó la oferta de paz total de Egipto, prefiriendo la expansión a la seguridad. En 1976 Estados Unidos vetó una resolución del Consejo de Seguridad que pedía un armisticio entre los dos estados, con el consenso internacional mayoritario. La propuesta de los dos estados tiene hoy el apoyo

---

[2] Una gran mayoría de la población estadunidense considera que debería suprimirse la ayuda a uno de los dos lados, ya sea Israel o los palestinos, que se niegan a emprender negociaciones de buena fe para alcanzar un acuerdo político en términos del consenso internacional. Eso implica cancelarle la ayuda a Israel, aunque es probable que pocos se den cuenta de este hecho. Las encuestas se mencionan poco o nada, y la cuestión no se discute. Para más al respecto, véase *Hegemony or survival*, pp. 168-169.

de la mayoría de los norteamericanos, y podría ponerse en práctica de inmediato si Washington quisiera.

En el mejor de los casos, las audiencias en La Haya terminarán con el fallo de que el muro es ilegal. No cambiará nada. La probabilidad real de un acuerdo político —y de que los que viven en la región tengan una vida decente— depende de Estados Unidos.

13. ESTADOS UNIDOS, SANTUARIO DE TERRORISTAS

5 DE MARZO DE 2004

Todo presidente que se respete tiene una doctrina asociada con su nombre. El principio esencial de la doctrina del segundo Bush es que Estados Unidos debe "librar al mundo del mal", como dijo el presidente inmediatamente después del 11 de septiembre.

Una responsabilidad especial es hacerle la guerra al terrorismo, con el corolario de que cualquier nación que albergue terroristas es un estado terrorista y debe ser tratado como tal.

Hagamos una pregunta sencilla e imparcial: ¿qué consecuencias tendría que nos tomáramos a pecho la doctrina de Bush, tratáramos a las naciones que albergan terroristas como estados terroristas y las bombardeáramos e invadiéramos?

Desde hace ya mucho tiempo Estados Unidos ha sido santuario de una galería de sinvergüenzas cuyas acciones los catalogan como terroristas y cuya presencia pone en entredicho y complica los proclamados principios de los norteamericanos.

Pensemos en el caso de los cinco cubanos, hallados culpables en Miami, en 2001, de formar parte de una red de espías. La apelación está programada para el 10 de marzo (2004) en Miami.[1]

Para entender este caso, que ha suscitado protestas internacionales, tenemos que echar una mirada a la sórdida historia de las relaciones Estados Unidos-Cuba (dejando a un lado la cuestión del embargo aplastante, que ya lleva varios lustros, impuesto por Estados Unidos y que viola las resoluciones de la Asamblea General de la ONU, en la cual nuestro país está prácticamente aislado).

Estados Unidos ha lanzado ataques terroristas contra Cuba —en grande y pequeña escala— desde 1959, entre ellos la invasión de bahía de Cochinos, los estrafalarios intentos de asesinar a Castro,

---

[1] Tras una compleja historia legal, en marzo de 2007 la decisión del juicio sigue en pie y continúan las apelaciones.

y agresiones terroristas mucho más serias contra Cuba y los cubanos en el extranjero. En la época de Kennedy las operaciones eran
dirigidas por Robert Kennedy, cuya máxima prioridad era "hacer
caer el terror del mundo" sobre Cuba, según narra su biógrafo y
asesor, el historiador Arthur Schlesinger. Kennedy reinició las
operaciones terroristas después de la crisis de los misiles; Lyndon
Johnson las canceló pero se reiniciaron una vez más con Nixon.

La participación directa del gobierno en esos ataques se acabó
a fines de los años setenta, oficialmente al menos.

En 1989 el primer presidente Bush le otorgó el perdón a Or-
lando Bosch, uno de los más conocidos terroristas anticastristas,
acusado de maquinar el ataque a un avión cubano en 1976. Bush
invalidó una decisión del Departamento de Justicia, que había
rechazado una petición de asilo de Bosch, al concluir que "la
seguridad de esta nación se ve afectada por su capacidad para
instar a otras naciones dignas de crédito a negarse a dar ayuda y
asilo a terroristas cuyo objetivo, con lamentable frecuencia, somos
nosotros mismos".

Al reconocer que Estados Unidos iba a recibir a terroristas
anticastristas, hubo agentes cubanos que infiltraron esas redes. En
1988 altos funcionarios del FBI fueron enviados a La Habana,
donde se les entregaron miles de páginas de documentos y cientos
de horas de videocintas sobre acciones terroristas organizadas por
células en Florida.

La reacción del FBI fue arrestar a los individuos que entregaron
la información, entre ellos al grupo conocido hoy como "los cinco cubanos" ["the Cuban Five"].

A las detenciones siguió en Miami un juicio que más pareció
un espectáculo. Los cinco fueron encontrados culpables, tres sen-
tenciados a cadena perpetua por espionaje, y Gerardo Hernández,
el líder, también por conspiración para cometer un asesinato.

Entre tanto, individuos que el FBI y el Departamento de Justicia
consideran terroristas peligrosos viven felices y contentos en Estados Unidos y siguen conspirando y cometiendo delitos.[2]

---

[2] Uno de los más notorios terroristas internacionales, Luis Posada Carriles (que,
entre muchos otros crímenes, es el presunto cómplice de Bosch por la bomba que
destruyó el avión de Cubana de Aviación), entró ilegalmente a Estados Unidos en

En la lista de terroristas residentes en este país figura también Emmanuel Constant, haitiano, conocido como Toto, ex líder paramilitar de la época de Duvalier. Constant es el fundador del FRAPH (Frente para el Avance del Progreso en Haití), el grupo paramilitar que a principios de los años noventa llevó a cabo la mayoría de los actos terroristas del gobierno, encabezado por la junta militar que derrocó al presidente Aristide. Según la última información Constant vive en Queens, suburbio de Nueva York.

Estados Unidos denegó la petición de extradición de Haití. Se cree en general que el motivo es que Constant podría revelar los lazos entre Washington y la junta militar que dio muerte a cuatro o cinco mil haitianos, actos en los que las fuerzas paramilitares de Constant desempeñaron el papel principal.

Entre los gángsteres que están al frente del actual golpe en Haití hay líderes del FRAPH.

Para Estados Unidos Cuba ha sido, desde tiempo atrás, la principal preocupación en el hemisferio. Un documento desclasificado del Departamento de Estado de 1964 declara que Fidel Castro es una amenaza intolerable debido a que "representa una exitosa provocación a Estados Unidos, una negación de toda nuestra política hemisférica de más de un siglo y medio", desde que la Doctrina Monroe declaró que no se toleraría ningún desafío a la dominación norteamericana en el hemisferio.

Hoy Venezuela presenta un problema similar de exitoso desafío. Un reciente artículo de primera plana en el *Wall Street Journal* dice: "Fidel Castro ha encontrado un benefactor decisivo y heredero aparente de la causa de desbaratar la plataforma de Estados Unidos en América Latina: el presidente venezolano Hugo Chávez."

El mes pasado (febrero de 2004) Venezuela pidió a Estados Unidos que extraditara a dos ex oficiales del ejército que están pidiendo asilo en este país y que participaron en un golpe militar que, antes de ser sofocado por un levantamiento popular, había

---

2005, y está detenido por ese cargo. Se han negado las solicitudes de extradición a Venezuela (por la bomba) y a Cuba (por la bomba y otros crímenes). México y otros países se han negado a recibirlo. El Departamento de Justicia norteamericano no acepta considerarlo terrorista, y lo ha dejado en manos del servicio de inmigración. En febrero de 2007 un juez federal denegó su petición de ser liberado bajo fianza en espera de una decisión acerca de su posible deportación.

disuelto el Congreso, la Suprema Corte y todos los demás vestigios de democracia, todo eso con el apoyo de Washington, eternamente ensalzado por su entrega a la "promoción de la democracia", aunque criticado por ser, quizá, excesivamente entusiasta.

El gobierno de Venezuela, notablemente, aceptó una decisión de la Suprema Corte de su país impidiendo el juicio de los promotores del golpe. Más tarde ambos oficiales fueron implicados en un bombardeo terrorista y huyeron a Miami.

La indignación suscitada por la actitud desafiante está hondamente arraigada en la historia de este país. Thomas Jefferson condenó acremente a Francia por su "actitud desafiante" al retener Nueva Orleáns, que él ambicionaba. Jefferson advirtió que "el carácter [de Francia] se ubica en un punto de eterna fricción con nuestro carácter, que aunque ama la paz y la búsqueda de la riqueza, es altivo".

El "desafío [de Francia exige que] nos unamos con la armada y la nación británicas", aconsejó Jefferson, dando marcha atrás a su actitud inicial, que reconocía la contribución decisiva de Francia para la liberación de las colonias del dominio inglés.

Gracias a la lucha de liberación de Haití, sin ayuda, y enfrentando una oposición prácticamente universal, el desafío de Francia terminó pronto. Pero entonces como ahora las principios rectores siguen siendo los mismos, determinando quién es amigo y quién enemigo.

14. TIEMPOS PELIGROSOS: LA GUERRA ENTRE ESTADOS UNIDOS E IRAQ Y SUS SECUELAS

18 DE MARZO DE 2004

Cualquiera que sea su origen, el monstruoso atentado de Madrid reverbera tanto más poderosa y dolorosamente en vísperas del primer aniversario de la invasión de Iraq encabezada por Estados Unidos, visto como una reacción al ataque terrorista del 11 de septiembre.

En el año transcurrido desde el comienzo de la guerra las predicciones de muchos analistas han resultado ser correctas, sobre todo las relativas a las consecuencias del ciclo de violencia que engendra violencia.

La guerra contra Iraq encabezada por Estados Unidos se inició con el reconocimiento general de que podría provocar la proliferación de las armas de destrucción masiva (ADM) y los atentados terroristas, riesgos que la administración Bush, por lo visto, consideró insignificantes comparados con la perspectiva de tomar el control de Iraq, estableciendo firmemente la norma de la guerra "preventiva" y reforzando el control del poder interno.

En reacción a la apresurada militarización de Estados Unidos Rusia ha incrementado marcadamente sus fuerzas militares ofensivas, a la vez que otros grupos o países que se consideran objetivos en potencia reaccionan con los medios que tienen a su alcance: atentados terroristas, por venganza o disuasión, y esfuerzos para desarrollar ADM, tal como en los sospechosos programas de Irán y Corea del Norte.

Junto con Madrid, la letanía del terror desde el 11 de septiembre incluye Bagdad, Bali, Casablanca, Estambul, Yakarta, Jerusalén, Mombasa, Moscú y Riad. Tarde o temprano los atentados terroristas y las ADM muy probablemente se combinarán en las mismas manos, con consecuencias impensables.

Los supuestos lazos de Iraq con al-Qaeda fueron descartados por los analistas serios, y no se han encontrado pruebas creíbles de ellos. Lo que sí es indiscutible es que por primera vez Iraq se ha convertido en un "paraíso de terroristas", en palabras de Jessica Stern, especialista en terrorismo de Harvard, publicadas en un ensayo en el *New York Times*, después del atentado a las instalaciones de la ONU en Bagdad, en agosto pasado (2003).

La "guerra preventiva" no es más que es un eufemismo de agresión a voluntad. Fue esta doctrina, y no sólo su puesta en marcha en Iraq, lo que motivó las protestas de dimensiones nunca antes vistas contra de la invasión (otra protesta global está programada para el 20 de marzo [2004]). Sin duda esta reacción ha cancelado para siempre el recurso a esta doctrina anunciada.

La investigación de David Kay, al mismo tiempo que menoscaba los alegatos de posesión de ADM, reveló el frágil control del poder por parte de Saddam durante los últimos años, dándole así más peso a la opinión de los occidentales que mejor conocían el país —Denis Halliday y Hans von Sponeck, los coordinadores de ayuda humanitaria de la ONU— en el sentido de que, si las sanciones no hubieran estado dirigidas a la población civil, es probable que los propios iraquíes hubiesen derrocado a Hussein.

En abril último (2003), como lo demostraron las encuestas, para los estadunidenses la responsabilidad primordial de la reconstrucción política y económica de Iraq en el periodo de posguerra debía recaer en la ONU, no en Estados Unidos.

El fracaso de la ocupación norteamericana de Iraq es sorprendente, dados el poder y los recursos de que dispone, el término de las sanciones y la deposición del tirano, así como la falta de apoyo significativo del exterior para la resistencia.

La administración Bush, en parte debido a este fracaso, ha dado marcha atrás y pedido la ayuda de la ONU. Pero está por verse que le permita a Iraq ser algo más que un estado clientelar de Estados Unidos.

Washington está construyendo la misión diplomática más grande del mundo en Iraq, con unos tres mil empleados, según reporta Robin Wright en *The Washington Post* en enero (2004), clara indicación de que se planea que la transferencia de soberanía sea limitada. Esta conclusión se ve reforzada por la insistencia estadunidense en el derecho de mantener bases y fuerzas militares en Iraq, así como por las órdenes del procónsul norteamericano Paul Bremer de que la economía tiene que estar prácticamente abierta a manos extranjeras, condición inaceptable para un estado soberano. Una de las lecciones más diáfanas de la historia económica es que la pérdida del control de la economía reduce sensiblemente la soberanía política, naturalmente, así como las perspectivas de un desarrollo económico saludable.

Las vigorosas exigencias de democracia de los iraquíes, y de una soberanía que vaya más allá de lo nominal, han obligado a Estados Unidos a dar marcha atrás a sus esfuerzos de imponer un gobierno que Washington pueda controlar por entero; ni siquiera los avances en la redacción de una constitución formal han puesto fin a los continuos conflictos en ese sentido.

En diciembre (2003), una encuesta de PIPA/Knowledge Networks demostró que la población estadunidense en general apoya muy poco los esfuerzos del gobierno por mantener una presencia militar y diplomática poderosa y permanente en Iraq; es probable que la inquietud popular acerca de la guerra y la ocupación se deba sobre todo a las dudas acerca de la justicia de la causa.

La gota que derrame el vaso tal vez ocurra durante las elecciones presidenciales. El espectro político estadunidense es bastante reducido, y la gente sabe que las elecciones de Estados Unidos son más bien compradas. Tienen razón quienes dicen que John Kerry es un *bushlite.** Empero, a veces escoger entre dos facciones de lo que se ha dado en llamar el partido norteamericano de los negocios puede marcar la diferencia, en estas elecciones al igual que en el 2000.

Esto vale tanto para las cuestiones internas como para las internacionales. Los que rodean a Bush están profundamente comprometidos en el proceso de revertir los logros de la lucha popular del siglo pasado. Una corta lista de los objetivos incluiría el cuidado de la salud, la seguridad laboral y los impuestos progresivos. La perspectiva de un gobierno que sirve a los intereses populares se está desmantelando.

---

* *Bushlite:* linterna para vela cuya peculiaridad consiste en dar luz durante cinco horas con una vela normal.

Desde que empezó la guerra en Iraq el mundo se ha convertido en un sitio cada vez más precario. Las elecciones estadounidenses representan una encrucijada. En este sistema norteamericano
de inmenso poder las pequeñas diferencias pueden traducirse en
resultados espectaculares, con un impacto de largo alcance.

15. IRAQ: LAS RAÍCES DE LA RESISTENCIA

13 DE ABRIL DE 2004

El servicio de inteligencia de Estados Unidos, mucho antes del nuevo estallido del combate en Iraq, reconoció en sus valoraciones que "el peor enemigo [de Washington] en Iraq en los meses por venir tal vez sea el resentimiento de los iraquíes comunes y corrientes, cada vez más hostiles a la ocupación militar norteamericana", como informaron Douglas Jehl y David E. Sanger en *The New York Times* en septiembre (2003). No entender cuáles son las raíces de esa hostilidad (no sólo la resistencia armada que capta los encabezados y las notas televisivas) no puede más que conducir a mayor derramamiento de sangre y más estancamiento.

Incluso si hacemos de lado el detalle esencial de la invasión criminal, tendría que ser evidente que tal vez no se hubiese dado un conflicto violento prolongado, incluidas las horribles manifestaciones de Fallujah y otros lugares, si la ocupación encabezada por Estados Unidos hubiese sido menos arrogante, ignorante e incompetente. Unos conquistadores deseosos de transferir una auténtica soberanía, que es lo que piden los iraquíes, hubieran escogido un rumbo diferente.

La administración Bush, entre su desfile de pretextos para invadir Iraq, ha propugnado la visión de una revolución democrática en todo el mundo árabe. Pero la razón más verosímil de la invasión se evade notoriamente: establecer bases militares protegidas en un estado clientelar, justo en el corazón de la principal fuente de energía del mundo.

Los iraquíes no eluden este asunto crucial. En una encuesta Gallup publicada en Bagdad en octubre (2003), al preguntárseles por qué Estados Unidos invadió Iraq, el 1% de los encuestados dijo que para establecer la democracia y el 5% que para ayudar a los iraquíes. Para la mayoría de los restantes la motivación de

Washington es el control de los recursos del país y reorganizar Medio Oriente de acuerdo con los intereses de Estados Unidos.

Otra encuesta de opinión realizada en Iraq por Oxford Research International, y dada a conocer en diciembre (2003), también es reveladora. Al preguntárseles cuáles son las necesidades de Iraq en este momento, más del 70% de los iraquíes eligieron "democracia"; el 10% la Autoridad Provisional de Coalición, y el 15% el Consejo Gobernante Interino iraquí. Por "democracia" los iraquíes entienden democracia, no la soberanía nominal que la administración Bush está diseñando.

Según la encuesta, en general "la gente no tiene confianza en las fuerzas de Estados Unidos y el Reino Unido (79%) y la Autoridad Provisional de Coalición (73%)". El favorito del Pentágono, Ahmed Chalabi, no tenía ningún apoyo.

El conflicto entre Estados Unidos e Iraq en torno a la soberanía fue muy visible en el primer aniversario de la invasión. Paul Wolfowitz y sus funcionarios del Pentágono señalaron "que están a favor de una presencia estable y prolongada de las tropas norteamericanas, así como de un ejército iraquí relativamente débil como la mejor forma de alimentar la democracia", escribió Stephen Glain en el *Boston Globe*. Eso no es lo que los iraquíes entienden por democracia; tampoco la considerarían democracia los norteamericanos bajo una ocupación extranjera.

Para empezar, la invasión no tendría sentido si su objetivo no fuera establecer permanentes bases militares en un estado clientelar dependiente a la manera tradicional. La ONU podría ser convocada, pero Washington le está pidiendo que "respalde a un futuro gobierno iraquí de soberanía puramente nominal y dudosa legitimidad, por cuya invitación perdurarían los poderes de ocupación", comentó el *Financial Times* en enero.

Más allá de los asuntos de control militar, los iraquíes también entienden que las medidas impuestas reducen la soberanía económica, incluyendo una serie de órdenes para abrir las industrias y los bancos a fin de que, de hecho, se haga cargo de ellos Estados Unidos.

No es sorprendente que los planes de los norteamericanos fueran condenados por los hombres de negocios iraquíes, que los acusaron de que destruirían la industria nacional. En cuanto a los trabajadores iraquíes, el activista sindical David Bacon informa que las fuerzas de ocupación irrumpieron en las oficinas de los sindicatos, detuvieron a los dirigentes, están obligando a que se apliquen las leyes antisindicalistas de Saddam y entregando concesiones a empresas norteamericanas ferozmente opuestas a los sindicatos.

El resentimiento de los iraquíes y los fracasos de la ocupación militar han hecho que Washington dé marcha atrás, en parte, a medidas más extremas.

Las propuestas de abrir prácticamente la economía a la inversión extranjera excluyen el petróleo. Quizá porque sería demasiado descarado. Sin embargo, los iraquíes no necesitan leer el *Wall Street Journal* para descubrir que "llegar a conocer en detalle la devastada industria petrolera de Iraq", gracias a los lucrativos contratos provistos por los contribuyentes en Estados Unidos, "a la larga podría ayudar a Halliburton a quedarse con los principales negocios de energía del país", junto con otras corporaciones multinacionales apoyadas por el estado.

Queda por ver si los iraquíes podrán ser obligados a aceptar la soberanía nominal que los poderes ocupantes les ofrecen con las diversas "ficciones constitucionales" que pergeña la potencia de ocupación. Mucho más importante para los privilegiados occidentales es esta otra pregunta: ¿Van a permitir a sus gobiernos "alimentar la democracia", en pro de los cerrados sectores de poder a los que sirven dichos gobiernos, por encima de la fuerte oposición iraquí?

16. LAS REGLAS DE LA DESOCUPACIÓN EN ISRAEL-PALESTINA

10 DE MAYO DE 2004

El conflicto entre Israel y Palestina sigue siendo la fuerza motriz del caos y el sufrimiento en el Oriente Medio. Pero no es imposible salir del punto muerto.

En el corto plazo, la única solución factible y mínimamente decente del conflicto es la que sigue la línea del consenso internacional de larga data: el asentamiento de ambos estados en la frontera (Línea Verde), con ajustes menores y mutuos.

A estas alturas los asentamientos israelíes apoyados por Estados Unidos y los proyectos de infraestructura han modificado la importancia del término "menores". No obstante, están sobre la mesa varios programas para dos estados; el más destacado es el Acuerdo de Ginebra, presentado en diciembre (2003) por un grupo de prominentes negociadores israelíes y palestinos que actuaban fuera de los canales oficiales.

El Acuerdo de Ginebra da un programa detallado para un intercambio de territorio uno a uno y otros aspectos de un asentamiento, y es de lo mejorcito que tiene probabilidades de llevarse a cabo; podría alcanzarse si el gobierno norteamericano lo respaldara. La *realpolitik* consiste en que Israel debe aceptar lo que dicte la gran potencia.

El "plan de desocupación" Bush-Sharon es en realidad un plan de expansión-integración. Aun cuando Sharon esté convocando a alguna forma de retiro de la Franja de Gaza, "Israel va a invertir decenas de millones de dólares en los asentamientos de la margen occidental", dice James Bennet en *The New York Times*, citando al ministro de Finanzas, Benjamin Netanyahu. Otros informes indican que el desarrollo va a tener lugar incluso del lado palestino del ilegal "muro de separación".

Esto va en contra de la hoja de ruta auspiciada por Bush, que convoca a poner fin a "toda actividad de asentamiento".

"Por importante que sea este hito, poner fin a la ocupación de la franja de Gaza por parte de Israel requiere un cambio correspondiente en las políticas de la margen occidental para que verdaderamente se perciban sus ventajas", escribe Geoffrey Aronson, de la Fundación para la Paz en el Medio Oriente, en Washington. La fundación acaba de publicar un mapa de los planes de Israel para la margen occidental; muestra un pegote de enclaves discontinuos, separados por la valla, que reproducen los peores rasgos del bantustán en el *apartheid* de Sudáfrica, como apunta Meron Benvenisti en *Ha'aretz*.

La pregunta es hoy si las comunidades israelí y palestina no estarán tan entremezcladas en los territorios ocupados que sea imposible dividirlas. En noviembre pasado (2003), sin embargo, algunos ex líderes de Shin Bet, el servicio de seguridad israelí, concordaron en general en que Israel podía y debía salir completamente de la franja de Gaza. En la margen occidental entre el 85 y el 90% de los colonos se irían con "un sencillo plan económico", mientras que tal vez haya un 10% "con los que tendremos que chocar" para sacarlos, lo cual no representa un problema demasiado grave a los ojos de los líderes de Shin Bet.

El Acuerdo de Ginebra se basa en supuestos similares, que parecen realistas.

Por cierto, ninguna de estas propuestas se ocupa del increíble desfase de poder militar y económico entre Israel y un eventual estado palestino, ni de otros asuntos decisivos.

A la larga podrían surgir otros arreglos, a medida que se desarrollasen interacciones más saludables entre los dos países. Una posibilidad con raigambre más antigua antes es una federación binacional. De 1967 a 1973 dicho estado binacional israelí-palestino fue bastante factible en Israel-Palestina. También lo era, en esos años, un tratado de paz plena entre los estados árabes e Israel, y de hecho eso fue lo que ofreció Egipto en 1971, y luego Jordania. Para 1973 la oportunidad se había perdido.

Lo que cambió fue la guerra de 1973, así como la transformación de la opinión entre los palestinos, en el mundo árabe y en el escenario internacional, a favor de los derechos nacionales de los mismos, de tal forma que incorporaba la cláusula 242 de la ONU pero añadía otras relativas a un estado palestino en los territorios ocupados, que Israel debía evacuar. Pero Estados Unidos ha bloqueado unilateralmente esta resolución durante los últimos treinta años.

Las consecuencias han sido guerras y destrucción, la estricta ocupación militar, la apropiación de tierra y recursos, la resistencia y, finalmente, un creciente ciclo de violencia, odio y desconfianza mutuos. Semejantes resultados no pueden hacerse desaparecer con buenos deseos.

Para que haya progreso se requiere que todos lados cedan. ¿Cuál sería un compromiso justo? Lo más cercano a una fórmula general que podríamos encontrar es que los compromisos deben aceptarse si son los mejores posibles y pueden despejar el camino hacia algo mejor.

El asentamiento "de dos estados" de Sharon, encajonando a los palestinos en la franja de Gaza y en cantones en casi la mitad de la margen occidental, no cumple los requisitos. El Acuerdo de Ginebra más o menos los satisface, y por ello, en mi opinión, debería ser aceptado, al menos como base de negociación.

Uno de los asuntos más espinosos es el derecho de los palestinos a regresar. Naturalmente, los refugiados palestinos no deberían estar dispuestos a renunciar a él, pero en este mundo —no en uno imaginario que analizamos en los seminarios— este derecho no podrá ejercerse dentro de Israel más que de manera limitada. En todo caso, no es apropiado crearles esperanzas que no se realizarán a personas que padecen miseria y opresión. Es mejor realizar esfuerzos constructivos para mitigar su sufrimiento y enfrentar sus problemas en el mundo real.

Un establecimiento de dos estados, en concordancia con el consenso internacional, es ya aceptable para un amplio espectro de la opinión israelí. En él se cuentan incluso algunos halcones extremistas, tan preocupados por el "problema demográfico" —el problema de demasiados no judíos en un "estado judío"— que están lanzando la (insólita) propuesta de transferir las zonas de densos asentamientos de árabes en Israel a un nuevo estado palestino.

La mayoría de la población estadunidense apoya también el establecimiento de dos estados, por lo cual no sería inconcebible que los esfuerzos de activistas y organizadores en Estados Unidos pudieran alinear al gobierno de este país con el consenso internacional, en cuyo caso Israel muy probablemente se plegaría también.

Aun sin la presión de los norteamericanos muchos israelíes estarían a favor de algo por el estilo, según qué se preguntase exactamente en las encuestas. Un giro en la posición de Washington marcaría una enorme diferencia. Los ex dirigentes de Shin Bet, así como el movimiento de paz israelí (Gush Shalom y otros), están convencidos de que el público israelí aceptaría un resultado de ese tipo.

Pero lo que verdaderamente nos interesa no son las especulaciones en este sentido, sino más bien alinear la política del gobierno norteamericano con el resto del mundo, y por lo visto con la mayoría del público norteamericano.

17. ¿QUIÉN VA A DIRIGIR EL MUNDO, Y CÓMO?

17 DE JUNIO DE 2004

"Misión cumplida": en mayo de 2004 celebramos el primer aniversario de la declaración de la victoria del presidente Bush en Iraq.

La invasión se puso en marcha debido a la doctrina Bush, la "nueva gran estrategia imperial", como la llamó *Foreign Affairs*, que declaraba que Estados Unidos dominaría el mundo indefinidamente en el futuro y aplastaría cualquier desafío a dicha dominación.

Dejando de lado lo que está ocurriendo en la realidad de Iraq, tal vez sería útil centrarse en el hecho de que las políticas que yacen tras la invasión y la ocupación han convertido al mundo en un sitio mucho más peligroso, en el cual el creciente peligro del terrorismo representa sólo una de las dimensiones.

El Departamento de Estado norteamericano acaba de admitir que su afirmación hecha en abril (2004) de que el terrorismo había disminuido —pieza central de la actual campaña presidencial de Bush— fue completamente falsa. El informe revisado concede que "el número de incidentes y el número de víctimas aumentó marcadamente".

Para los planificadores del gobierno el objetivo más importante no era combatir el terrorismo sino establecer bases militares estadunidenses en un estado clientelar dependiente, en el corazón de las principales reservas energéticas del globo, aventajando así a sus rivales. Zbigniew Brzezinski escribe que "el papel de Estados Unidos en materia de seguridad en la región" —en lenguaje sencillo: dominación militar— "le da una ventaja indirecta pero políticamente decisiva en relación con las economías europeas y asiáticas que también dependen de las exportaciones de energía de la región" (*The National Interest*, invierno de 2003/2004).

Como bien sabe Brzezinski, el problema esencial de la dominación global norteamericana es que Europa y Asia (especialmente la dinámica región del noreste asiático) podrían tomar un rumbo independiente. El control del Golfo y de Asia central, por lo tanto, se vuelve aún más significativo que antes; los analistas esperan que siga aumentando la ya enorme importancia del Golfo en la producción energética global. El apoyo que Estados Unidos y el Reino Unido dan a Turkmenistán, Uzbekistán y otras dictaduras de Asia central, y las maniobras para determinar por dónde cruzarán los oleoductos y quién los supervisará, forman parte del mismo "gran juego" renovado.

Mientras tanto, según comentarios occidentales, se presume, casi como en un ritual, que el objetivo de la invasión fue "la visión del presidente" de establecer la democracia en Iraq.

En cambio, según encuestas occidentales realizadas en Bagdad, esta "visión" —proclamada en la "plataforma de la libertad" de Bush en noviembre de 2003, bastante después de que se derrumbaran las justificaciones oficiales de la invasión— no convence prácticamente a nadie, y en general se asume que el motivo de Washington para la invasión era apoderarse del control de los recursos de Iraq y reorganizar al Medio Oriente según los intereses de los Estados Unidos. No es raro que los que se encuentran en el extremo equivocado del garrote tengan una comprensión más clara del mundo en el que viven.

Existen muchos otros ejemplos de que Washington considera el terrorismo un asunto menor en comparación con el de asegurarse de que el control del Medio Oriente esté en las manos apropiadas. Apenas el mes pasado (mayo de 2004) la administración Bush impuso sanciones económicas a Siria, poniendo en práctica la Ley de Responsabilidad de Siria, aprobada por el Congreso en diciembre de 2003: una virtual declaración de guerra, a menos que Siria siga las órdenes de Estados Unidos.

Siria continúa estando en la lista oficial norteamericana de estados que promueven el terrorismo, pese a que el gobierno estadunidense reconoce que no lo ha hecho desde hace muchos años y a que ha proporcionado importantes datos de inteligencia a Washington sobre al-Qaeda y otros grupos radicales islámicos, según señala Stephen Zunes en el número de primavera de *Middle East Policy*. Estados Unidos se ha visto así despojado de esa fuente de inteligencia, prefiriendo alcanzar una meta más elevada: un régimen que acepte las exigencias de Estados Unidos y de Israel.

Por mencionar un solo ejemplo más de prioridades claras pero imperceptibles: el Departamento del Tesoro estadunidense cuenta con una Oficina de Control de Divisas Extranjeras (OFAC, por sus siglas en inglés), que tiene la tarea de investigar las transferencias financieras dudosas, componente decisivo de la "guerra contra el terror". La agencia tiene 120 empleados. Hace unas semanas la OFAC informó al Congreso que para fines del año pasado (2003) cuatro de ellos —únicamente cuatro— estaban dedicados a rastrear las finanzas de Osama bin Laden y Saddam Hussein, mientras que casi dos docenas vigilaban el embargo contra Cuba. Además, el organismo señaló que la discrepancia en materia de investigación y castigo se remonta a 1990.

¿Por qué el Departamento del Tesoro dedica tal cantidad de energía a estrangular a Cuba y no a la guerra contra el terror? Desafiar con éxito a Estados Unidos es algo intolerable, y se clasifica como una prioridad mucho más alta que combatir el terrorismo.

Para alcanzar la dominación la violencia puede servir, pero a un costo tremendo. También puede provocar una respuesta de mayor violencia. Incitar al terrorismo no es el ejemplo actual más ominoso.

En febrero (2004) Rusia realizó los mayores ejercicios militares en dos decenios, desplegando nuevas y más sofisticadas ADM. Los líderes políticos y militares rusos dejaron claro que esta reactivación de la carrera armamentista era en respuesta directa a las acciones y los programas de la administración Bush, especialmente el desarrollo de armas nucleares de bajo rendimiento, los llamados *bunker busters* ["reventarrefugios"]. Los analistas de estrategias a ambos lados saben que estas armas pueden atacar los refugios fortificados, ocultos en las montañas, que controlan los arsenales nucleares rusos.

A continuación puede venir un efecto dominó nuclear. Los rusos y los chinos reaccionan ante Estados Unidos construyendo armas estratégicas. India reaccionará a las acciones de China, Pakistán a las de la India, y así sucesivamente.

Mientras tanto Iraq se encamina hacia la llamada soberanía. "El cambio de poderes todavía está en proceso" —reza el encabezado de un reciente artículo de Anton La Guardia en el *London Daily Telegraph*. El último párrafo refiere que "un funcionario británico de alto rango lo expresó con delicadeza: 'El gobierno iraquí será totalmente soberano, pero en la práctica no ejercerá todas sus funciones soberanas.'" Lord Curzon asentiría sabiamente.

El enérgico rechazo de los iraquíes a aceptar las tradicionales "ficciones constitucionales" ha obligado a Washington a ceder paso a paso, con algo de ayuda de la "segunda superpotencia": así describió Patrick E. Tyler del *New York Times* la opinión mundial después de las multitudinarias demostraciones de mediados de febrero de 2003, la primera vez en la historia que se produjeron protestas masivas en contra de la guerra antes de que ésta comenzara. Esto marca una diferencia.

Por ejemplo, si los problemas de Fallujah se hubieran suscitado durante los años sesenta, habrían sido resueltos con bombarderos b-52 y operaciones de asesinatos en masa en tierra.

Hoy, una sociedad más civilizada no tolera medidas similares, proveyendo al menos algo de espacio para que las víctimas tradicionales puedan actuar y obtener una auténtica independencia. Es posible incluso que esos impulsos obliguen a la administración Bush a abandonar sus ambiciones imperiales en Iraq.

18. JOHN NEGROPONTE: DE CENTROAMÉRICA PARA IRAQ

28 DE JULIO DE 2004

Una obviedad moral que no debería despertar controversias es el principio de universalidad: debemos aplicarnos a nosotros mismos las mismas normas que aplicamos a los demás; en realidad, unas más estrictas.

Suele ocurrir que cuando las naciones tienen el poder de aplicar normas con impunidad desdeñen los lugares comunes morales, declarando que son las únicas exentas del principio de universalidad. Y es lo que hacemos constantemente. Todos los días tenemos nuevos ejemplos.

Apenas el mes pasado (junio de 2004), por ejemplo, John Negroponte viajó a Bagdad como embajador de Estados Unidos en Iraq, encabezando la misión diplomática más grande del mundo, con la tarea de entregar la soberanía a los iraquíes para cumplir con la "misión mesiánica" de Bush de injertar la democracia en el Medio Oriente y el mundo, o cuando menos eso es lo que solemnemente se nos informó.

Negroponte aprendió su oficio como embajador estadunidense en Honduras en los años ochenta, durante la fase reaganita de los funcionarios titulares de Washington, cuando se declaró la primera guerra contra el terrorismo en América Central y el Medio Oriente.

En abril (2004), Carla Anne Robbins, de *The Wall Street Journal*, escribió sobre el nombramiento de Negroponte en Iraq, bajo el encabezado: "Moderno procónsul". En Honduras a Negroponte lo conocían como "'el procónsul', título dado a los administradores poderosos en tiempos coloniales". Ahí presidió la segunda embajada más grande de América Latina, donde se ubicaba la estación más grande de la CIA en el mundo de entonces... y no precisamente porque Honduras fuera un eje de poder mundial.

Robbins observó que Negroponte ha sido criticado por activistas de derechos humanos por "tapar los abusos del ejército hondureño —eufemismo por terrorismo en gran escala— para garantizar el flujo de ayuda de Estados Unidos" hacia este país vital, "base para la guerra encubierta del presidente Reagan contra el gobierno sandinista de Nicaragua". La guerra encubierta fue iniciada después de que la revolución sandinista tomara el control de Nicaragua. El supuesto temor de Washington era que en esta nación centroamericana surgiera una segunda Cuba. La tarea del procónsul Negroponte en Honduras era supervisar las bases donde se entrenó, armó y envió a derrocar a los sandinistas a un ejército mercenario terrorista: los contras.

En 1984 Nicaragua respondió en la forma apropiada para un país que se rige por las leyes, llevando su caso contra Estados Unidos a la Corte Internacional de La Haya. La corte ordenó a Estados Unidos que pusiera fin al "uso ilegal de la fuerza" —en términos de legos: al terrorismo internacional— contra Nicaragua, y que pagara una cantidad sustancial por concepto de reparación. Pero Washington ignoró a la corte y después vetó las dos resoluciones del Consejo de Seguridad de la ONU que confirmaban la sentencia y convocaban a todos los estados a observar el derecho internacional.

El asesor legal del Departamento de Estado, Abraham D. Sofaer, explicó las razones de la decisión. Como no es posible "contar [con que la mayor parte del mundo] comparta nuestros puntos de vista", debemos "reservarnos el poder de determinar" cómo actuaremos y cuáles son los asuntos que entran "esencialmente dentro de la jurisdicción interna de Estados Unidos, tal como lo determine Estados Unidos": en este caso las acciones cometidas en Nicaragua que la corte condenó.

La indiferencia de Washington por el dictamen de la corte y su arrogancia frente a la comunidad internacional vienen al caso en la actual situación de Iraq.

La guerra terrorista en Nicaragua dejó una democracia formal corrupta y dependiente, a un costo incalculable. La muerte de civiles se calcula en decenas de miles, proporcionalmente un número de víctimas "muchísimo mayor que el de norteamericanos muertos en la guerra civil y en todas las guerras del siglo XX juntas", escribe Thomas Carothers, destacado historiador de la "promoción de la democracia" en Latinoamérica.

Carothers escribe desde la perspectiva del testigo presencial así como del académico, ya que trabajó en el Departamento de Estado en el periodo de Reagan, durante los programas de "promoción de la democracia" en Centroamérica. Los programas del periodo Reagan fueron "sinceros", aunque un "fracaso", según Carothers, porque Washington no estaba dispuesto a tolerar más que "formas de cambio democrático limitadas, de arriba hacia abajo, que no representaban el riesgo de alterar las estructuras tradicionales del poder de las que Estados Unidos ha sido aliado desde hace mucho".

Ésta ha sido una conocida cantaleta histórica en la búsqueda de visiones de democracia, que los iraquíes parecen comprender, aun cuando nosotros prefiramos no hacerlo.

Hoy Nicaragua es el segundo país más pobre del hemisferio (sólo por arriba de Haití, otro de los objetivos principales de la intervención norteamericana del siglo XX). Cerca del 60% de los niños nicaragüenses menores de 2 años padecen anemia debido a la desnutrición severa, que no es más que una sombría indicación de lo que se aclama como una victoria para la democracia.

La administración Bush afirma que quiere llevar la democracia a Iraq, empleando al mismo funcionario experimentado que usó en Centroamérica.

Durante la audiencia de confirmación de Negroponte se mencionó al pasar la campaña terrorista internacional en Nicaragua, pero no se la consideró de particular importancia, gracias, probablemente por la exención de nuestras gloriosas personas del principio de universalidad.

Varios días después del nombramiento de Negroponte Honduras retiró su pequeño contingente de las fuerzas de Iraq. Puede que se tratara de una coincidencia. O puede que los hondureños recuerden algo de la época en que Negroponte estuvo ahí y prefieran olvidarlo.

Nota: En febrero de 2005 el presidente designó a Negroponte como primer director del servicio nacional de inteligencia. Hubo poca o ninguna reacción ante el nombramiento de uno de los principales comandantes terroristas para el cargo de zar antiterrorista. Tal vez tenga sentido, en vista de la semejanza entre las definiciones oficiales de "terrorismo" y "contraterrorismo".

19. LA CONSTRUCCIÓN DE LA DEMOCRACIA EMPIEZA POR CASA

30 DE AGOSTO DE 2004

La campaña presidencial en Estados Unidos no hace más que poner de relieve el grave déficit democrático en la nación más poderosa del mundo.

Los norteamericanos pueden escoger entre candidatos de los principales partidos que nacieron en la abundancia y el poder político, asistieron a la misma universidad de élite, ingresaron a la misma sociedad secreta que instruye a sus miembros en el estilo y las maneras de los gobernantes, y pueden postularse porque los financian los mismos poderes corporativos, lo que constituye uno de los muchos ejemplos del hecho de que este país, dedicado desde hace tanto tiempo a emprender aventuras para la presunta "construcción de la democracia" en todo el mundo, necesita desesperadamente revitalizar su propio proceso democrático.

Tomemos por ejemplo los servicios de salud, una cuestión nacional primordial. Los costos se están disparando en el sistema norteamericano, en gran medida privado; son mucho más altos que en otras sociedades similares y los resultados son relativamente mediocres. Las encuestas suelen indicar que la mayoría de los norteamericanos están a favor de alguna forma de seguro nacional de salud. Pero se afirma que esta perspectiva es "políticamente imposible" o que "carece de apoyo político". Las compañías financieras y la industria farmacéutica se oponen a ella. Con la erosión efectiva de una cultura democrática, lo que la población quiere carece de importancia.

El principal asunto internacional para Estados Unidos es Iraq. En España, cuando los votantes exigieron que sus tropas se retiraran a menos que estuvieran bajo la autoridad de la ONU, se los acusó de "minimizar el terrorismo". Ésta ha sido esencialmente la posición de la mayoría de los estadunidenses desde poco después de la invasión. La diferencia es que en España la gente sabe lo que es la opinión popular y puede votar sobre la cuestión.

El electorado estadunidense está desencantado, según el proyecto Vanishing Voter de la Escuela de Gobierno John F. Kennedy. Durante la campaña de 2000, según informó el director del proyecto, Thomas Patterson, "la sensación de impotencia de los norteamericanos ha alcanzado un máximo alarmante"; el 56% respondió "muy poca" o ninguna" a la pregunta: "¿Cuánta influencia cree que personas como usted tienen en lo que hace el gobierno?" El máximo anterior, treinta años atrás, fue de 41 por ciento.

El descontento es comprensible, como lo muestra la investigación, dada la opinión de la mayoría de los votantes de que los políticos dirán cualquier cosa con tal de ser elegidos, y que los contribuyentes ricos ejercen demasiada influencia.

En 2004 parece que hay más cosas en juego y que el interés es mayor, según el proyecto, pero el desinterés prosigue, sobre todo entre los norteamericanos pobres y de la clase trabajadora, que sencillamente no sienten que estén representados. "La brecha entre la cima y el 25% más bajo por ingreso es con mucho la más amplia entre las democracias occidentales y se ha ido ensanchando", escribe Patterson.

La inclinación del actual sistema político es que la política sea irrelevante, que la publicidad y los medios se concentren no en "temas" sino en "cualidades", como el estilo, la personalidad del candidato y otras nimiedades. Los partidos políticos se convierten en sistemas de mercadotecnia de los candidatos.

En espectacular contraste, Brasil, el segundo país más grande del hemisferio, celebró elecciones auténticamente democráticas en 2002. Los votantes organizados eligieron a Luiz Inácio Lula da Silva, un individuo de las filas de la clase trabajadora y de los pobres, que son la abrumadora mayoría de la población. La campaña tiró vallas todavía más altas que las de Estados Unidos: un estado represivo, una tremenda desigualdad y concentración de la riqueza y del poder de los medios, extrema hostilidad hacia el capital internacional y sus instituciones.

Las elecciones fueron ganadas por las organizaciones populares de masas, que no aparecen una vez cada cuatro años para mover una palanca sino que trabajan día con día, en el nivel de las bases, sobre asuntos locales, gobierno local y cuestiones primordiales de política.

En Estados Unidos los verdes se preocupan por el desarrollo a largo plazo de una opción electoral del tipo que ha tenido éxito en países con una democracia más funcional que la nuestra. Pero los verdes no tienen en el sector corporativo el apoyo necesario para competir en las elecciones estadunidenses, tal como quien fabrica autos en su casa carece de los recursos para competir con General Motors.

Ralph Nader ha utilizado el resplandor (bastante artificial) de la política electoral para enarbolar cuestiones importantes que no están en la plataforma corporativa de ninguno de los dos partidos principales. Pero se lo considera un corrupto que da la cara por Bush (que no es para nada su intención), cosa que los desacredita a él y a las excelentes organizaciones que ha fundado.

Más allá de los candidatos alternativos está la cuestión inmediata del mundo real: Bush *versus* Kerry. No es sorprendente que en este momento Bush goce de una considerable ventaja sobre Kerry en cuanto a la recepción de fondos, gracias a los regalos extraordinarios que prodiga a los superricos y al sector corporativo, y a su historial estelar en el desmantelamiento de la legislación progresista resultante de una intensa lucha popular a lo largo de muchos años. Y probablemente ganará, a menos que una movilización popular muy vigorosa supere estas enormes ventajas, generalmente decisivas.

Es muy probable que la gente que rodea a Bush ocasione graves daños, tal vez irreparables, si se les da otro periodo en el gobierno. Se está desmantelando la perspectiva de un gobierno que sirva a los intereses populares.

Los que se esfuerzan por renovar la plataforma de Bush en realidad le están diciendo a la gente: "No nos importa si puedes tener una mejor oportunidad de recibir servicios de salud o de sostener a tu anciana madre; ni si habrá un entorno físico en el que tus hijos puedan vivir una vida decente; o un mundo donde podamos escapar de la destrucción resultante de la violencia inspirada por la banda Bush-Cheney-Rumsfeld-Wolfowitz, etc.; y así por el estilo."

La revitalización de una cultura democrática funcional en Estados Unidos es muy importante para las personas sensatas, y sin duda para las posibles víctimas en este país o en el extranjero. Y lo mismo vale decir de la cuestión, mucho más estrecha, de lo que ocurra en las casillas electorales en noviembre.

20. LA DESUNIÓN EN LA DEMOCRACIA NORTEAMERICANA

27 DE OCTUBRE DE 2004

La carrera presidencial de Estados Unidos, apasionada al extremo de la histeria, difícilmente representa los impulsos democráticos más saludables.

Se alienta a los ciudadanos norteamericanos a votar, pero no a participar de manera más significativa en la escena política. La elección es, esencialmente, un método para marginar a la población. Se monta una gigantesca campaña propagandística para que la gente ponga toda su atención en estos espectáculos cuadrienales y se diga: "Esto es política." Pero no lo es. No es más que una pequeña parte de la política.

La población ha sido cuidadosamente excluida de la actividad política, y no fue por casualidad. Se ha invertido una gran cantidad de trabajo para esta privación de los derechos políticos. Durante los años sesenta el brote de participación popular en la democracia horrorizó a los sectores privilegiados y poderosos, los cuales montaron una feroz contracampaña que adquirió muy diversas formas y que persiste hasta hoy.

Bush y Kerry pueden competir porque reciben fondos básicamente de las mismas concentraciones de poder privado. Ambos candidatos entienden que la elección debe mantenerse al margen de las cuestiones reales. Son criaturas de la industria de las relaciones públicas, que mantienen al público fuera del proceso de la elección. En lo que hay que concentrarse es en lo que llaman las "cualidades" del candidato, no en sus propuestas políticas. ¿Es un líder? ¿Es un tipo agradable? Los votantes acaban apoyando una imagen, no una plataforma.

La vocación usual de las industrias que venden candidatos cada varios años es la venta de mercancías. Quienquiera que haya encendido un televisor sabe que las empresas dedican enormes esfuerzos a socavar los mercados de la teoría abstracta, en los cuales los consumidores informados toman decisiones racionales. Un anuncio no transmite información, como ocurriría en un sistema de mercado; depende más bien del engaño y las ilusiones, para crear consumidores desinformados que tomen decisiones irracionales. Se utilizan prácticamente los mismos medios para socavar la democracia, manteniendo al electorado desinformado y hundido en el engaño.

El mes pasado (septiembre de 2004) una encuesta Gallup les preguntó a los estadunidenses por qué votarían por Bush o por Kerry. De una lista de opción múltiple, sólo un 6% de los votantes por Bush y un 13% de los votantes por Kerry escogieron los "programas/ideas/plataformas/objetivos" de los candidatos. Así es como el sistema político prefiere que sean las cosas. A menudo las cuestiones que más ocupan la mente de las personas no forman en absoluto parte clara del debate.

Un informe del Consejo de Relaciones Exteriores de Chicago, que sigue con regularidad las actitudes de los norteamericanos respecto a cuestiones internacionales, ilustra esta desconexión.

Una considerable mayoría de los norteamericanos está a favor de "trabajar con las Naciones Unidas, aun cuando adopte políticas que a Estados Unidos no le guste". La mayoría piensa también que "los países deben tener el derecho de ir a la guerra sólo si [tienen] pruebas sólidas de que están en peligro inminente de ser atacados", rechazando así el consenso bipartidista de la guerra "anticipada".

Sobre Iraq, encuestas del Programa sobre Actitudes en Política Internacional señalan que la mayoría de los norteamericanos están a favor de dejar que la ONU tome la conducción de las cuestiones de seguridad, reconstrucción y transición política en este país. En marzo pasado (2004) los votantes españoles pudieron de hecho votar en estas materias.

Es notable que los norteamericanos tengan estas opiniones y otras similares (digamos, sobre la Corte Criminal Internacional o el Protocolo de Kyoto) casi en el aislamiento: rara vez las oyen en discursos de campaña y probablemente las consideran cosa personal. Al mismo tiempo, puede que el nivel de activismo en pro del cambio social sea más elevado que nunca en Estados Unidos.

Pero está desorganizado. Nadie sabe qué está ocurriendo en el otro extremo del pueblo.

En comparación, veamos el caso de los cristianos fundamentalistas. A principios de este mes, en Jerusalén, Pat Robertson dijo que si Bush y los republicanos flaquean en su apoyo a Israel fundaría un nuevo partido. Esta amenaza es grave porque podría movilizar a decenas de millones de cristianos evangélicos que ya conforman una fuerza política considerable, gracias al trabajo de fondo realizado a lo largo de muchas décadas sobre muchos puntos, y con candidatos en niveles que van de consejero escolar a presidente.

La carrera por la presidencia no carece de un activismo por áreas. Durante las elecciones primarias, antes de pisar el acelerador para el magno evento, los candidatos pueden sacar a colación ciertos temas y ayudar a organizar el apoyo popular para ellos, con lo cual, hasta cierto punto, influyen en las campañas. Después de las primarias las meras declaraciones tienen un impacto mínimo si no están respaldadas por una organización importante.

Es urgente que los grupos progresistas populares crezcan y se fortalezcan lo suficiente para que los centros de poder no puedan ignorarlos. Entre las fuerzas de cambio originadas en las bases y que han sacudido a toda la sociedad están el movimiento laboral, el movimiento de los derechos civiles, el movimiento por la paz, el movimiento de las mujeres y otros, cultivados por el trabajo constantes y dedicado en todos los niveles, día con día, no una vez cada cuatro años.

Pero las elecciones no pueden ignorarse. Es necesario reconocer que da la casualidad de que uno de los grupos que contienden hoy por el poder es extremista y peligroso, que ya ha ocasionado bastantes problemas y podría causar muchos más.

Como me lo preguntan con frecuencia, aclaro que yo, por mi parte, sostengo la misma posición que en 2000. Si el lector vive en un estado del país que no apoya claramente a nadie, recuerde que debe votar para que los peores tipos queden fuera. Si está en otro, haga lo que crea que es mejor. Hay muchas cosas que considerar.

Bush y su administración se han comprometido públicamente a desmantelar y destruir cualquier legislación progresista o beneficio social ganados gracias a luchas populares durante la última centuria. En el plano internacional, están incitando a dominar el mundo por la fuerza militar, incluyendo "la propiedad del espacio" para ampliar la supervisión y la habilidad para atacar primero.

Así que en las elecciones deben tomarse decisiones inteligentes. Pero éstas son secundarias a la acción política formal. La tarea principal es la creación de una cultura democrática genuinamente receptiva, y este esfuerzo debe ser continuo, anterior y posterior a los espectáculos electorales, sea cual sea su desenlace.

21. "NOSOTROS" SOMOS BUENOS

Cuando se discuten las relaciones internacionales, el principio fundamental es que "nosotros somos buenos", donde "nosotros" se refiere al gobierno, a partir del principio totalitario de que el estado y el pueblo son uno solo. "Nosotros" somos benévolos, buscamos la paz y la justicia, aunque haya errores en la práctica. Hay villanos que frustran "nuestros" planes porque no pueden elevarse hasta nuestra grandeza.

Los sucesos ocurridos en las últimas semanas —las elecciones en Estados Unidos, el ataque a Fallujah y los cambios en el gabinete del presidente Bush— dramatizan el principio operativo de la guerra y el terrorismo y, en un plano humano, incrementan su peligrosidad.

La política militar de Washington "conlleva un apreciable riesgo de fatalidad" —escriben los analistas estratégicos John D. Steinbruner y Nancy Gallagher en el número de verano de *Daedalus*, la revista de la Academia Norteamericana de Ciencias y Artes, no muy dada a las hipérboles—, y prosiguen expresando sus esperanzas de que esta amenaza sea contrarrestada por una coalición de naciones amantes de la paz encabezadas por China. Cuando analistas bien informados se ven forzados a llegar a la conclusión de que la paz tiene que depender de China es evidente que las cosas están difíciles. Esto contiene una crítica acerba y feroz contra el estado de la democracia norteamericana.

Incluso si dejamos de lado las amenazas literales para la supervivencia de la especie humana, la urgencia es visible. En Iraq pueden haber muerto cien mil civiles como consecuencia directa o indirecta de la invasión encabezada por Estados Unidos en marzo de 2003, según un estudio de *The Lancet* conducido por un equipo de investigación de la Universidad Johns Hopkins.[1]

[1] En la nota 2, p. 22, pueden encontrarse cálculos más recientes.

Washington y Londres desestimaron el estudio, de manera que cuando se lo menciona en alguna nota al pie, se lo califica de "controvertido estudio".

Esto sin contar las recientes muertes de Fallujah. El asalto comenzó cuando el ejército norteamericano y las tropas iraquíes tomaron el hospital general de Fallujah, que según funcionarios es un "arma de propaganda para los militantes... con su raudal de reportes sobre víctimas civiles", según el *New York Times*. Otra nota del mismo diario informa: "Los pacientes y los empleados del hospital fueron desalojados de los cuartos y se les ordenó que se sentaran en el suelo mientras los soldados les ataban las manos a la espalda."

El ataque al hospital es una violación explícita de las Convenciones de Ginebra, a la "ley suprema del país" y a los cimientos del derecho humanitario moderno. La Ley de Crímenes de Guerra de 1966 (aprobada por el Congreso republicano) estipula la pena de muerte para los comandantes responsables de "graves violaciones" de las Convenciones de Ginebra.

La Ley de Crímenes de Guerra también salió a la luz cuando Alberto Gonzales, consejero de la Casa Blanca, fue nombrado fiscal general. En enero de 2002, en un memorando dirigido al presidente sobre las nuevas medidas para la guerra contra el terrorismo, Gonzales aconsejaba a Bush que evadiera las Convenciones de Ginebra: con lo que "se reduce sustancialmente el riesgo de que se formulen acusaciones criminales dentro del país cubiertas por la Ley de Crímenes de Guerra".[2]

Desdeñar el derecho internacional es un orgullo para el equipo de Bush. Condoleezza Rice, secretaria de Estado de Bush, expresó sus opiniones en el número de enero de 2000 de *Foreign Affairs*, donde condenaba el "recurso reflejo... a nociones de derecho y normas internacionales, y la creencia de que el apoyo de muchas naciones —o, mejor aún, de instituciones como las Naciones Unidas— es esencial para el ejercicio legítimo del poder".

---

[2] La Ley de Comisiones Militares de 2006 de hecho vacuna a los funcionarios de la administración Bush contra la ley de Crímenes de Guerra, entre otras características de la que tal vez sea la legislación más vergonzosa de la historia estadunidense.

Tenemos una idea bastante clara de lo que desean los planificadores de Bush, pero lo que podemos esperar depende de las circunstancias, incluidas las que hagamos aparecer. Entre ellas se incluye crear —y en parte recrear— una cultura democrática que funcione, en la cual el público intervenga significativamente en la planificación, y aceptemos el principio moral fundamental de que les aplicamos a los demás los mismos criterios que a nosotros mismos.

22. LA PRESIDENCIA IMPERIAL Y SUS CONSECUENCIAS

22 DE DICIEMBRE DE 2004

Lo que ocurre en Estados Unidos tiene un enorme impacto en el resto del mundo... y viceversa. Los acontecimientos internacionales limitan hasta lo que puede hacer el estado más poderoso. También influyen en el componente estadunidense de la "segunda superpotencia", como describe el *New York Times* a la opinión pública mundial tras las multitudinarias protestas que precedieron la invasión de Iraq.

En cambio, tuvieron que pasar muchos años antes de que se organizaran verdaderas protestas contra la guerra de Vietnam, declarada en 1962 y brutal y despiadada desde el inicio. El mundo ha cambiado desde entonces; como ocurre casi siempre, no por las dádivas de unos líderes benévolos sino gracias a la lucha popular profundamente comprometida, que se desarrolló demasiado tarde pero que a fin de cuentas es efectiva.

Hoy el mundo está en muy malas condiciones, pero mucho mejor que ayer en lo que toca a no estar dispuesto a tolerar las agresiones, así como de muchas otras formas que damos por sentadas. Debemos tener muy presentes las lecciones de esa transformación.

No es sorprendente que a medida que la población se vuelve más civilizada los sistemas de poder se vuelvan más radicales en sus esfuerzos por controlar a la "gran bestia" (nombre que Alexander Hamilton le dio al pueblo). La gran bestia es en verdad pavorosa.

La concepción que tiene la administración Bush de la soberanía presidencial es tan radical que se ha atraído como nunca antes la crítica de los diarios más serios y respetados. En el mundo posterior al 11 de septiembre la administración se comporta como si la Constitución y las normas estuvieran suspendidas, según escribe Sanford Levinson, profesor de derecho en la Universidad de Texas, en el número de verano (2004) de *Daedalus*.

La justificación de que en tiempos de guerra todo se vale podría caracterizarse como "No existe ninguna norma que sea aplicable al caos."

La cita, nos dice Levinson, es de Carl Schmitt, alemán, el principal filósofo alemán del derecho durante el nazismo, a quien Levinson describe como "la verdadera eminencia gris de la administración [Bush]". Por recomendación de Alberto Gonzales, consejero de la Casa Blanca (ahora designado fiscal general), la administración ha articulado "una visión de la autoridad presidencial demasiado próxima al poder que Schmitt estaba dispuesto a acordarle a su propio Führer", escribe Levinson.

No es frecuente oír palabras como ésas del corazón del *establishment.*

Estas concepciones de la autoridad presidencial imperial son las que subyacen a las medidas políticas de la administración. La invasión a Iraq se justificó inicialmente como lo que se denominó un acto de autodefensa anticipada. El ataque violaba los principios del tribunal de Nuremberg, una de las bases de la Carta de las Naciones Unidas, que declaró que iniciar una guerra de agresión es "el crimen internacional supremo, que sólo difiere de otros crímenes de guerra en el hecho de que contiene en sí mismo la maldad acumulada del total": esto es, los crímenes de guerra de Fallujah y Abu Ghraib, la duplicación de la desnutrición aguda de los niños desde la invasión (ahora en el mismo nivel que Burundi, mucho más alta que en Haití o Uganda), y todas las demás atrocidades.

En la primavera pasada (2004), luego de que se reportara que unos abogados del Departamento de Justicia de Estados Unidos habían tratado de demostrar que el presidente podía autorizar la tortura, Harold Koh, el decano de la escuela de derecho de Yale, declaró al *Financial Times*: "La noción de que el presidente tiene el poder constitucional de permitir la tortura es como decir que tiene el poder constitucional de perpetrar un genocidio."

Para los asesores legales del presidente y el nuevo fiscal general no es difícil alegar que el presidente tiene efectivamente ese derecho... si la segunda superpotencia le permite ejercerlo.[1]

---

[1] En realidad la administración Clinton reclamó ese derecho cuando se excluyó de los procedimientos de la Corte Internacional que Yugoslavia inició contra la

La administración se está esforzando por encontrar la forma de liberar de las consecuencias de sus actos a los altos funcionarios. La sacrosanta doctrina de la autovacunación se aplicará seguramente al juicio de Saddam Hussein (en el momento de escribir esto es posible que la próxima semana se presenten cargos en Iraq contra ex miembros de su gobierno y quizá también contra el propio Saddam). Cuando Bush, el primer ministro Tony Blair y otros tipos "respetables" del gobierno y la opinión se lamentan de los terribles crímenes cometidos por Saddam siempre tienen el valor de omitir las palabras "con nuestra ayuda, porque nos importaba un bledo".

"Se están haciendo todos los esfuerzos para tener un tribunal que parezca independiente pero cuyos artífices estadunidenses puedan asegurarse de que esté controlado, para evitar que salga a relucir el papel de Estados Unidos y otras potencias occidentales que apoyaron previamente al régimen —dijo a *Le Monde Diplomatique* Cherif Bassiouni, profesor de derecho de la Universidad DePaul y especialista en el sistema legal iraquí—. Eso hace que se vea como la venganza del vencedor." No es necesario que nos lo digan.

¿Cuál es la mejor respuesta a la situación? En Estados Unidos gozamos de un legado de grandes privilegios y libertad, extraordinario comparativa e históricamente. Podemos abandonar este legado y tomar la vía fácil del pesimismo: no hay nada que hacer, así que me doy por vencido.

O podemos hacer uso de ese legado para promover una cultura democrática en la que el público desempeñe un papel en la

---

OTAN. Yugoslavia había invocado la Convención sobre el Genocidio, pero el gobierno de Clinton sostuvo ante la corte que cuando Estados Unidos ratificó la convención (con cuarenta años de retraso), incorporó una reserva según la cual no era aplicable a Estados Unidos a menos que el Congreso así lo decidiera. La Corte Internacional de Justicia aceptó debidamente el argumento, y permitió que Estados Unidos se retirara del juicio. Este país muy pocas veces ratifica las convenciones sobre derechos humanos o de otro tipo, pero cuando lo hace suele incluir —tal vez siempre— una reserva por la cual se excluye. Levinson señala que en el caso de la Convención contra la Tortura Estados Unidos sólo la aceptó una vez que el Senado la reescribió para dar más cabida a los interrogatorios. Hay muchos otros ejemplos de una autoexclusión explícita de las leyes internacionales.

determinación de las medidas a seguir, no sólo en el ámbito político sino también en el de la economía, que es crucial.

Éstas no son ideas radicales. Fueron claramente expresadas, por ejemplo, por John Dewey, el destacado filósofo social del siglo XX, quien señaló que mientras el "feudalismo industrial" no sea remplazado por la "democracia industrial" la política seguirá siendo "la sombra que los grandes negocios proyectan sobre la sociedad".

Dewey se nutría de una larga tradición de pensamiento y acción que se desarrolló independientemente en una cultura de clase trabajadora en los orígenes de la revolución industrial en Estados Unidos, cerca de Boston. Esas ideas están apenas por debajo de la superficie, y pueden convertirse en una parte viva de nuestras sociedades, culturas e instituciones. Pero, tal como ocurre con otras victorias de la justicia y la libertad a lo largo de los siglos, nada va a pasar por sí solo. Una de las lecciones más claras de la historia, de la historia reciente incluso, es que los derechos no se otorgan: se ganan.

23. LA DEBACLE EN IRAQ Y EL ORDEN INTERNACIONAL

1 DE FEBRERO DE 2005

Pocas cosas son más importantes hoy que preguntarse por la conveniencia del uso de la fuerza, que resalta cruentamente con las escenas de sufrimiento que vemos en Iraq. Más allá del número de víctimas, la invasión y ocupación de Iraq encabezadas por Estados Unidos violaron un frágil convenio internacional, ratificado inmediatamente después de los horrores de la segunda guerra mundial, para proscribir el recurso a la fuerza en los asuntos internacionales. Esta violación, junto con el aumento del terrorismo, ha obligado a la ONU a pronunciarse nuevamente sobre cuándo se justifica el uso de la fuerza. El fondo del debate es la situación de Iraq, que va empeorando.

El uso de la fuerza por parte de un gobierno casi siempre va acompañado de declaraciones de buenas intenciones. Así ocurre en Iraq. Como todos los demás pretextos oficiales han ido derrumbándose, el aparato de relaciones públicas de Estados Unidos proclama ahora que su misión es instalar ahí una democracia que reforme al país y después quizá también a la región. Se necesita tener una fe impresionante en el poder para asumir que porque nuestros gobernantes han anunciado su visión de democracia para Iraq realmente creen en ella.

Tal como lo demostraron las elecciones celebradas en Iraq, Estados Unidos ya se ha visto obligado a reconocer algunos de los mecanismos formales de la democracia, lo cual es bueno, pero concederle a Iraq una verdadera democracia y derechos soberanos es prácticamente inconcebible... sin una presión generalizada de los ciudadanos norteamericanos e iraquíes.

Pensemos cuáles podrían ser las políticas de un Iraq independiente y soberano. Con una mayoría chiita, Iraq puede continuar sus anteriores esfuerzos por restablecer relaciones relativamente amistosas con Irán. Esto podría echar a andar iniciativas dentro de las cercanas zonas de mayoría chiita en Arabia Saudita para unirse a una región informal dominada por chiitas, que casualmente incluye dos terceras partes de las reservas mundiales estimadas de hidrocarburos.

El control de estas reservas ha sido un motivo central de preocupación política desde el final de la segunda guerra mundial, y más aún en el mundo tripolar en desarrollo de hoy, con el peligro de que Europa y Asia buscaran mayor independencia. Una mano firme en el grifo provee la "palanca crítica" para las economías asiática y europea, como observó Zbigniew Brzezinski en el número de invierno de 2003/2004 de *The National Interest*. Lo que es más, un Iraq independiente a la larga volvería a armarse y posiblemente a desarrollar armas de destrucción masiva para enfrentar las del enemigo regional, un Israel respaldado por Estados Unidos.

Pero es poco probable que Estados Unidos se quede sentado a mirar pasar estos sucesos. Su posible reacción se desprende de las políticas que han coadyuvado a hacer pedazos el consenso de la posguerra sobre el uso de la fuerza.

La Carta de la ONU empieza expresando la decisión de los signatarios de "preservar a las generaciones venideras del flagelo de la guerra que dos veces durante nuestra vida ha infligido a la humanidad sufrimientos indecibles", y que para entonces amenazaba también con la destrucción total, como bien sabían todos los participantes... pero que también sabían que no podían mencionar. Las palabras "atómico" o "nuclear" no aparecen en la carta.

Una guerra de agresión se consideraba el mayor crimen internacional. Formalmente, el consenso persiste. En general no se lo rechaza en forma abierta; más bien se lo ignora.

La retractación oficial del consenso tuvo lugar hace bastante poco, durante los años noventa, cuando Estados Unidos se arrogó formalmente la libertad de recurrir a la fuerza, con o sin ataque previo. La doctrina de Clinton era que Estados Unidos se reserva el derecho de emplear la fuerza militar "unilateralmente cuando sea necesario" para defender intereses vitales, tales como "asegurar el acceso sin obstáculos a mercados, suministros energéticos y recursos estratégicos clave", según un reporte de 1997 del Pentágono al Congreso. La administración Bush consolida y amplía la posición de que Estados Unidos tiene el derecho unilateral de recurrir a la fuerza cuando quiera.

La justificación de esta postura imperialista es tan vieja como la historia del país. Esta visión del mundo —escribe William Earl Weeks en *John Quincy Adams and American global empire*— se basa en "el supuesto singular de la virtud moral de Estados Unidos, la afirmación de su misión de redimir el mundo" difundiendo sus ideales manifiestos: "'el modo de vida norteamericano' y la fe en el destino que Dios ordenó para la nación". Este marco teológico reduce las cuestiones políticas a una elección entre el Bien y el Mal, coartando así el debate razonado y esquivando la amenaza para la democracia.

La cuestión de la legitimidad del uso de la fuerza fue abordada en noviembre pasado (2004) por un panel de alto nivel de la ONU, convocado por el secretario general Kofi Annan. El panel reiteró el contenido de la Carta: sin la autorización específica del Consejo de Seguridad, el uso de la fuerza se limita a la autodefensa contra un ataque armado.

Washington no acepta la idea de que Estados Unidos debería sumarse a esta norma, cosa que debería preocuparnos a todos los que gozamos de privilegios y libertad, con la responsabilidad concomitante.

En su nuevo libro *War law: An introduction to international law and armed conflict* (2005), el especialista en derecho internacional Michael Byers se pregunta cómo podríamos sobrevivir a "la tensión entre un mundo que todavía desea un sistema legal sustentable y una superpotencia a la que no parece importarle". Es una pregunta que no puede ignorarse con ligereza.

24. "PROMOCIÓN DE LA DEMOCRACIA" EN EL MEDIO ORIENTE

2 DE MARZO DE 2005

La llamada "promoción de la democracia" se ha convertido en el tema principal de la política explícita de Estados Unidos en el Oriente Medio.

El proyecto tiene sus antecedentes. Existe una "fuerte línea de continuidad" en el periodo posterior a la guerra fría, escribe Thomas Carothers, director del Programa de Democracia e Imperio de la Ley del Fondo Carnegie Para la Paz Internacional en su nuevo libro *Critical mission: Essays on democracy promotion* (2004).

"Ahí donde la democracia parece ajustarse bien a los intereses de seguridad y económicos de Estados Unidos, este país promueve la democracia —concluye Carothers—. Donde la democracia choca con otros intereses significativos, se minimiza o se ignora."

Carothers trabajó, en la época de Reagan, en el Departamento de Estado, en proyectos de "promoción de la democracia" en Latinoamérica durante los años ochenta, y escribió una historia acerca de ellos, sacando básicamente las mismas conclusiones. Acciones y pretensiones similares se aplican también a periodos anteriores, y son características de otras potencias dominantes.

La sólida línea de continuidad, y los intereses de poder que las sostienen, inciden en sucesos recientes ocurridos en el Medio Oriente, indicando la verdadera sustancia de la postura de "promover la democracia".

La continuidad está ilustrada por el nombramiento de John Negroponte como primer director de inteligencia nacional. El curso de la carrera de Negroponte va de Honduras, donde en calidad de embajador de Reagan supervisó la guerra de los contras, las fuerzas terroristas, en contra de Nicaragua, hasta Iraq, donde en su calidad de embajador de Bush presidió brevemente otro ejercicio de supuesto desarrollo de la democracia, experiencias todas que nos instruyen acerca de sus nuevas funciones de ayudar a combatir el terror y promover la libertad. Orwell no hubiese sabido si reír o llorar.

En Iraq, las elecciones de enero (2005) fueron exitosas y encomiables. Sin embargo, sobre el principal éxito sólo se habla marginalmente: Estados Unidos se vio obligado a permitir que tuvieran lugar. Es un verdadero triunfo, no de los que arrojan bombas, sino de la resistencia no violenta del pueblo, tanto del secular como del islamista, para el cual el gran ayatolá al-Sistani es un símbolo.

Pese a las largas que dieron Estados Unidos y el Reino Unido, Sistani exigió elecciones rápidas, lo que refleja la determinación popular de alcanzar la libertad y la independencia, así como alguna forma de derechos democráticos. La resistencia no violenta continuó hasta que a Estados Unidos (y al Reino Unido, que le siguió obedientemente los pasos) no les quedó más remedio que permitir las elecciones. Luego la maquinaria doctrinal se apresuró a presentar las elecciones como una iniciativa de los norteamericanos.

De conformidad con la "fuerte línea de continuidad" y sus raíces institucionales, podemos prever que Washington no tolerará fácilmente los resultados políticos a los que se opone, particularmente en una región tan crítica como es Iraq.

Los iraquíes votaron con la esperanza de ponerle fin a la ocupación. En enero (2005), una encuesta realizada antes de las elecciones en Iraq, y reportada por analistas del Instituto Brookings en la página de opinión de *The New York Times*, arrojó que 69% de los chiitas y 82% de los sunitas estaban a favor del "retiro de Estados Unidos en el corto plazo". Pero Blair, Rice y otros han rechazado explícitamente hablar de un programa de retiro —es decir, lo han pospuesto a un futuro indefinido—, hasta que los ejércitos ocupantes hayan completado su "misión", o sea llevar la democracia, obligando al gobierno electo a ajustarse a las demandas de los norteamericanos, de acuerdo con la "fuerte línea de continuidad"

Acelerar el retiro de Estados Unidos y de Gran Bretaña no depende solamente de los iraquíes sino también de la disposición del electorado norteamericano y el británico a obligar a sus gobiernos a aceptar la soberanía iraquí.

Conforme se suceden los acontecimientos en Iraq, Estados Unidos continúa manteniendo una postura militante ante este país. Las recientes filtraciones de que hay fuerzas especiales estadunidenses estacionadas en Irán, sean ciertas o no, agregan leña al fuego.

Una amenaza real es que en los últimos años Estados Unidos ha enviado más de cien jets bombarderos avanzados a Israel, con anuncios a voces de que están en capacidad de bombardear Irán; son versiones actualizadas de los aviones que Israel empleó para bombardear el reactor nuclear iraquí en 1981, iniciando así, incidentalmente, el programa de armas nucleares de Saddam Hussein, según lo indican las evidencias.

Puede tratarse de una mera conjetura, pero semejante despliegue militar puede tener dos propósitos: provocar a los dirigentes iraníes para se vuelvan más represivos, alentando así la resistencia popular, e intimidar a los rivales de los norteamericanos en Europa y Asia para que desistan de sus iniciativas diplomáticas y económicas respecto a Irán. La línea dura ya ahuyentó algunas inversiones europeas en Irán, por temor a las represalias de Estados Unidos, reporta Matthew Karnitschnig en el *Wall Street Journal*.

Otro suceso saludado como un triunfo de la promoción de la democracia es el cese al fuego de Sharon y Abbas. La noticia del pacto es bienvenida: temporalmente, es mejor que no haya matanzas a que sí las haya. Empero, veamos de cerca los términos del cese al fuego. El único elemento sustantivo es que la resistencia palestina debe cesar, incluso contra el ejército ocupante.

Nada podría deleitar más a los halcones norteamericanos e israelíes que la paz completa, lo que les permitiría proseguir, sin que nadie les estorbase, las políticas de apropiación del valioso territorio de la margen occidental y sus recursos, y lograr que los grandes proyectos de infraestructura dividan los territorios palestinos en cantones inservibles.

Las depredaciones de los israelíes en los territorios ocupados, respaldadas por los norteamericanos, han sido el meollo del problema desde hace años, pero el pacto de cese al fuego no dice una sola palabra sobre ellas. El gobierno de Abbas aceptó el pacto... podría decirse que porque es lo mejor que puede hacer mientras Israel y Estados Unidos sigan rechazando un acuerdo político. Cabría agregar que la intransigencia estadunidense continuará sólo mientras la población de su país lo permita.

Me gustaría ser optimista respecto al pacto, y asirme hasta de la más remota esperanza, pero hasta ahora no veo nada real.

Para Washington hay en efecto una "fuerte línea de continuidad" al estilo de la pesarosa conclusión de Carothers: la democracia y el imperio de la ley son aceptables si y sólo si sirven a los objetivos estratégicos y económicos oficiales. Pero, según las encuestas, las actitudes del público norteamericano sobre Iraq e Israel-Palestina van en contra de la política gubernamental. Por lo tanto surge la pregunta de si lo mejor no sería que una genuina promoción de la democracia empezara en Estados Unidos.

25. LA UNIVERSALIDAD DE LOS DERECHOS HUMANOS

7 DE ABRIL DE 2005

Durante los últimos años la filosofía moral y la ciencia cognoscitiva han explorado lo que parecen ser intuiciones morales profundamente arraigadas, tal vez los cimientos mismos del juicio moral.

Estas indagaciones se centran en ejemplos inventados que con frecuencia revelan una sorprendente uniformidad transcultural de juicios en los niños tanto como en los adultos. A modo de ilustración tomaré mejor un ejemplo real que nos lleva a la cuestión de la universalidad de los derechos humanos.

En 1991 Lawrence Summers, que más tarde habría de ser secretario del Tesoro del presidente Clinton y ahora es presidente de la Universidad de Harvard, era economista en jefe del Banco Mundial. En un memorando interno Summers demostró que el banco debería alentar a las industrias contaminantes a mudarse a los países más pobres.

La razón es que "la medida de los costos de la contaminación que afecta la salud depende de las ganancias anunciadas de la mayor morbilidad y mortalidad —escribió Summers—. Desde esta perspectiva, una cantidad dada de contaminación que afecta la salud debe tener lugar en el país en el cual represente el costo más bajo, que será el país con los salarios más bajos. Creo que la lógica económica que hay detrás de tirar una carga de desechos tóxicos en el país con los salarios más bajos es impecable y deberíamos contemplarlo."

Summers señaló que a toda "consideración moral o social" acerca de semejante medida "puede dársele la vuelta y utilizarse con más o menos eficacia contra cualquier propuesta de liberalización del Banco Mundial".

El memorando se filtró y provocó una reacción furibunda, que tipifica José Lutzenberger, secretario del Ambiente de Brasil, que le escribió a Summers: "Su razonamiento es perfectamente lógico pero absolutamente desquiciado." Quienes coinciden con la conclusión de Lutzenberger se enfrentan a una labor definida e importante. Si un argumento perfectamente lógico conduce a una conclusión totalmente desquiciada, el problema debe encontrarse entonces en las premisas, en especial en el rechazo de las "razones morales" o "inquietudes sociales". Entonces, si Summers tiene razón al afirmar que esa actitud puede usarse contra todas las propuestas de "liberalización" del Banco Mundial, se presenta otra tarea: poner en práctica el "consenso de Washington". La conclusión parece obvia sin necesidad de expresarla. Tal vez resulte de interés, hasta cierto punto, el hecho de que este razonamiento, que es poco más que una lógica elemental, haya sido ignorado por la opinión dominante, que ni lo refutó ni lo adoptó.

Los criterios modernos para cuestiones como ésta están contenidos en la Declaración Universal de Derechos Humanos, adoptada por la Asamblea General de la ONU en 1948.

El artículo 25 declara: "Toda persona tiene derecho a un nivel de vida adecuado que le asegure, así como a su familia, la salud y el bienestar, y en especial la alimentación, el vestido, la vivienda, la asistencia médica y los servicios sociales necesarios; tiene asimismo derecho a los seguros en caso de desempleo, enfermedad, invalidez, viudez, vejez u otros casos de pérdida de sus medios de subsistencia por circunstancias independientes de su voluntad."

Casi con las mismas palabras han sido reafirmadas estas aseveraciones en convenciones sancionadoras de la Asamblea General, así como en acuerdos internacionales sobre el "derecho al desarrollo".

Parece estar razonablemente claro que esta formulación de derechos humanos universales rechaza la impecable lógica del economista en jefe del Banco Mundial por profundamente inmoral, si no es que insensata... que fue de hecho la opinión casi universal.

Insisto en la palabra "casi". La cultura occidental condena por "relativistas" a las naciones que interpretan selectivamente la Declaración Universal. Pero se ignora sistemáticamente que uno de los principales relativistas es el estado más poderoso, el líder de los autoproclamados "estados ilustrados".

Hace un mes (marzo de 2005) el Departamento de Estado norteamericano emitió su informe anual sobre derechos humanos. "Promover los derechos humanos no es un elemento más de nuestra política exterior, es el cimiento de nuestra política y nuestra principal preocupación", dijo Paula Dobriansky, subsecretaria de Estado para la Democracia y los Asuntos Globales.

Dobriansky fue asistente del secretario de Estado para Derechos Humanos y Asuntos Humanitarios durante las administraciones de Reagan y del primer Bush, y en esa calidad se aplicó a disipar lo que ella llamaba el "mito" de que "los 'derechos económicos y sociales' constituyen derechos humanos". Esta postura se ha reiterado frecuentemente, y está detrás del veto de Washington al "derecho al desarrollo" y su persistente negativa a aceptar las convenciones sobre derechos humanos.

Puede que el gobierno rechace las cláusulas de la Declaración Universal, pero la población norteamericana está en desacuerdo con esto. Un ejemplo lo constituye la reacción pública al presupuesto federal recientemente propuesto, según un sondeo del Programa de Actitudes sobre Política Internacional de la Universidad de Maryland.

El público está pidiendo fuertes recortes al gasto militar, junto con grandes aumentos al gasto en educación, investigación médica, capacitación en el trabajo, conservación de energía y energía renovable, así como para la ONU y la ayuda económica y humanitaria, a la vez que dar marcha atrás a la reducción de impuestos a los ricos aprobada por Bush. En general las preferencias populares son prácticamente lo opuesto a las decisiones que tomó el gobierno en materia presupuestal.

En el plano internacional hay una justa preocupación por la rápida expansión del déficit comercial y presupuestal de Estados Unidos. Íntimamente relacionado con él el creciente déficit democrático, no sólo en Estados Unidos sino en Occidente en general.

La riqueza y el poder tienen todos los motivos para querer que el público permanezca bien apartado de la elección de medidas políticas y su implementación; eso es también motivo de preocupación, independientemente de su relación con la universalidad de los derechos humanos.

Acaba de pasar el 25 aniversario del asesinato del arzobispo Óscar Romero de El Salvador, conocido como la "voz de los que no tienen voz", y el 15 aniversario del asesinato de seis destacados intelectuales latinoamericanos, sacerdotes jesuitas, también en El Salvador.

Estos acontecimientos enmarcaron la abominable década de los ochenta en América Central. Romero y los intelectuales jesuitas fueron asesinados por fuerzas de seguridad armadas y entrenadas por Washington. Entre los responsables se cuentan figuras destacadas de la presente administración o sus mentores inmediatos.

El arzobispo fue asesinado poco después de escribirle al presidente Carter suplicándole que no enviara ayuda a la junta militar de El Salvador, hecho que "agudizará la represión que se ha desencadenado contra las organizaciones populares que luchan por defender sus derechos humanos más fundamentales". El terror del gobierno se intensificó, siempre con el apoyo de Estados Unidos y con el silencio y la complicidad de Occidente.

Similares atrocidades ocurren hoy por hoy a manos de fuerzas militares armadas y entrenadas por Washington con el apoyo de sus aliados occidentales; por ejemplo en Colombia, el violador número uno, durante muchos años, de los derechos humanos del hemisferio y el primer receptor de la ayuda militar de Estados Unidos en ese mismo periodo, lo cual ilustra otra "fuerte línea de continuidad" bien documentada.

Aparentemente el año pasado (2004) Colombia retuvo su récord de dar muerte a más activistas laborales que todo el resto del mundo junto. En febrero (2005), en un pueblo que se había autoproclamado una "comunidad de paz" en medio de la guerra civil colombiana, se informó que el ejército masacró a ocho personas, entre las que estaban un líder municipal y tres niños.

Menciono estos pocos ejemplos para que recordemos que no solamente organizamos seminarios sobre principios abstractos, o analizamos culturas remotas que no entendemos. Estamos hablando de nosotros mismos y de los valores morales e intelectuales de las comunidades privilegiadas en que vivimos. Si no nos gusta lo que vemos cuando nos miramos al espejo con honestidad, tenemos todas las oportunidades para hacer algo al respecto.

26. El ENCUENTRO DEL DOCTOR STRANGELOVE CON LA ERA DEL TERROR

28 DE ABRIL DE 2005

La semana próxima, una conferencia de la ONU con 180 naciones signatarias revisará el Tratado Sobre la no Proliferación de las Armas Nucleares, que suele considerarse la base de toda esperanza de evitar la catástrofe prácticamente garantizada por la lógica de las armas nucleares.

"El NPT nunca pareció más frágil ni su futuro más incierto", escribe en el número de este mes (abril de 2005) de *Current History* Thomas Graham, ex representante especial estadunidense para el control de armas y autor de *Common sense on weapons of mass destruction* (2004).

Si el tratado llegara a fracasar en los próximas semanas, advierte Graham, puede hacerse realidad un "mundo de pesadilla nuclear".

Al igual que otros analistas, Graham reconoce que la principal amenaza para el NPT la representa la política del gobierno norteamericano, aunque otros países nucleares tienen su parte de responsabilidad.

El tratado era un pacto por el cual las potencias nucleares se comprometían a realizar esfuerzos "de buena fe" para eliminar las armas nucleares: el crucial artículo IV. Ninguna lo ha hecho, y la administración Bush ha dado un paso adelante y declarado que ya no acepta la cláusula central del NPT y que incluso está tratando de desarrollar nuevas armas nucleares.

El NPT se basaba también en el cumplimiento de varios tratados adicionales: el Tratado para la Prohibición Completa de los Ensayos Nucleares, rechazado por el Senado republicano en 1999 y declarado fuera de la agenda por el presidente Bush; el Tratado sobre Misiles Antibalísticos, rescindido por Bush; y —con toda probabilidad el más importante—, el Tratado para la Prohibición de la Producción de Material Fisible que, según Graham, pondría un alto a la temible amenaza de agregar "más material para hacer bombas nucleares a la enorme cantidad que ya existe".

En noviembre pasado (2004) el Comité de Desarme de la ONU votó 147 a 1 en favor del tratado. El voto unilateral de Estados Unidos es en realidad un veto. Nos permite percibir mejor qué lugar ocupa la supervivencia de la especie en la lista de prioridades de los planificadores del gobierno.

Antes la administración Bush envió a su avanzada, John Bolton, a informarle a Europa que las prolongadas negociaciones para la aplicación de una prohibición de las armas biológicas habían llegado a su fin, porque no "beneficiaban a Estados Unidos", incrementando así el peligro del bioterrorismo.

Esto coincide con la franca posición de Bolton: "Cuando Estados Unidos es el líder, las Naciones Unidas lo siguen. Cuando convenga a nuestros intereses hacerlo, lo haremos. Cuando no convenga a nuestros intereses, no lo haremos."

Es natural, pues, que fuera nombrado embajador de Estados Unidos ante la ONU, en calculado insulto a Europa y el mundo.

Tal como van las cosas en política, "a la larga será inevitable un intercambio nuclear", advierte Michael MccGwire, ex planificador en la OTAN, en el número de enero (2005) de la revista *International Affairs*, del Royal Institute of International Affairs de Gran Bretaña. "En comparación con el calentamiento global, el costo de eliminar las armas nucleares sería pequeño —escribe MccGwire—. Pero los resultados catastróficos de una guerra nuclear global excederían con mucho los del cambio climático progresivo, porque los efectos serían instantáneos y no habría manera de atenuarlos. La ironía del asunto es que está en nuestras manos eliminar la amenaza de la guerra nuclear global, pero el cambio climático no puede eludirse."

De este lado del Atlántico, Sam Nunn (ex senador del Partido Demócrata y presidente del Comité de las Fuerzas Armadas del Congreso, destacado especialista en control de armamento y en los esfuerzos de reducción de la amenaza de guerra nuclear) se hace eco de las advertencias de MccGwire cuando escribe en el

Financial Times de diciembre (2004): "Es posible que la eventualidad de un ataque nuclear accidental, por error o no autorizado, vaya en aumento." A consecuencia de decisiones políticas que dejan "la supervivencia de Estados Unidos [en manos de] la precisión de los sistemas de alarma de Rusia y de su mando y control... estamos corriendo el riesgo innecesario de un Armagedón de nuestra propia hechura".

Nunn se refiere a la marcada expansión de los programas militares estadunidenses, que inclinan la balanza estratégica en tal forma que hace más factible que Rusia "dispare al recibir la alarma sin esperar a ver si es certera". La amenaza aumenta, agrega Nunn, por el hecho de que "el sistema ruso de alerta temprana está en muy mal estado y es muy posible que emita un falso aviso de que se aproximan misiles".

Un motivo de preocupación relacionado con el anterior es que, tarde o temprano, las armas nucleares caigan en manos de grupos terroristas, tanto más cuanto que Rusia, para disuadir a Estados Unidos, debe mantener su propio arsenal nuclear, disperso en todo su vasto territorio, cuyos materiales están frecuentemente en tránsito. "Este movimiento constante genera una gran vulnerabilidad, en virtud de que el transporte es el talón de Aquiles de la seguridad de las armas nucleares", anota Bruce Blair, presidente del Centro para la Información de Defensa, sito en Washington, y ex oficial de lanzamiento de misiles Minuteman. Blair menciona que es del todo posible que los "terroristas se apoderen de un arma nuclear en su trayecto entre el campo de lanzamiento y la fábrica".

El peligro rebasa las fronteras de Rusia, agrega. "Los problemas de alerta temprana y de control que abundan en Pakistán, India y otros promotores de la proliferación nuclear son mucho más graves [y], a medida que estas naciones adoptan cada vez más un disparador ultrasensible para sus misiles nucleares, la amenaza terrorista para ellos mismos aumentará en forma concomitante", escribe Blair. Y concluye que todo esto constituye "un accidente que está esperando ocurrir".

El terrorismo estatal y otras formas de amenaza y uso de la fuerza han llevado al mundo al borde de la aniquilación nuclear.

La conferencia de la ONU haría bien en prestar atención al llamamiento de Bertrand Russell y Albert Einstein hace cincuenta años: "Aquí radica, pues, el problema que les presentamos, cabal, espantoso e ineludible: ¿pondremos fin a la raza humana; o la humanidad renunciará a la guerra?"

27. LA NO CRISIS DE LA SEGURIDAD SOCIAL

29 DE MAYO DE 2005

En el debate sobre la seguridad social los funcionarios de Bush a cargo de esta cuestión ya lograron ciertas victorias, al menos en el corto plazo.

Bush y Karl Rove, subjefe de Estado Mayor, han logrado convencer a la mayoría del pueblo norteamericano, incluyendo a más de dos terceras partes de los estudiantes universitarios, de que existe un grave problema con la seguridad social, abriendo así el camino para que contemplen la posibilidad de incorporarse al programa de cuentas privadas de la administración, en vez de depender del sistema público de pensiones. El público ha sido atemorizado, tanto como lo fue con el inminente peligro que representaban Saddam Hussein y sus armas de destrucción masiva. La presión sobre los políticos aumenta mientras la Cámara de Diputados espera poder terminar un anteproyecto de ley de seguridad social para el mes entrante (junio de 2005).

Para tener un mejor panorama de la situación cabe anotar que la seguridad social norteamericana es uno de los sistemas públicos de pensiones menos generosos en los países desarrollados, según un informe reciente de la Organización para la Cooperación y el Desarrollo Económicos.

La administración Bush quiere "reformar" la seguridad social... o sea desmantelarla. Una gigantesca campaña propagandística del gobierno y los medios ha tramado una "crisis fiscal" que no existe. Si algún problema llegara a haber en el futuro distante, podría ser superado con medidas insignificantes, tales como alzar el tope del impuesto sobre la nómina, que es retrógrado.

La versión oficial de la historia es que los *baby boomers** van a representar una carga mayor para el sistema porque va a disminuir

---

* Los nacidos en el periodo de marcado incremento de la natalidad de los años de prosperidad, en la posguerra, entre 1946 y 1960. [T.]

el número de personas que trabajan en comparación con los ancianos, lo cual es cierto.

Pero, ¿cuál era la situación cuando los *baby boomers* tenían de 0 a 20 años? ¿Acaso no se ocupaban de ellos las personas que trabajaban? Y la sociedad de entonces era mucho más pobre.

En los años sesenta la demografía ocasionó un problema, pero no podemos llamarlo crisis. El incremento de la población se cubrió con un gran aumento del gasto en escuelas y otras instalaciones infantiles. El problema no era grave cuando los *baby boomers* tenían de 0 a 20 años, ¿por qué habría de serlo cuando tengan de 70 a 90?

El número que importa es lo que se denomina la proporción de dependencia entre las personas que trabajan y la población. Esta proporción alcanzó su punto más bajo en 1965. No volverá a alcanzar ese nivel hasta 2080, según cifras de la administración de la seguridad social. Las proyecciones a tanta distancia no tienen sentido.

Además, cualquier problema fiscal que pudiera surgir en la atención a los *boomers* mayores ya ha sido cubierto por el aumento de 1983 al impuesto sobre la nómina, ideado con tal fin. Y para cuando el último de los *boomers* haya muerto la sociedad será mucho más pudiente, pues cada trabajador producirá mayor riqueza.

Dicho de otro modo, esa crisis ya la superamos. Cualquier cosa que se presente se arreglará con ajustes menores.

Mientras tanto se avecina una verdadera crisis fiscal: la de la atención médica. El de Estados Unidos es uno de los sistemas más ineficientes del mundo industrializado, cuyo costo per cápita es mucho más elevado que el de ninguna otra nación, con resultados para la salud que se encuentran entre los peores. Una de las razones de su ineficiencia es que el sistema ha sido privatizado, y tiene costos administrativos mucho más altos que los de la atención médica o los programas públicos de otros países, así como muchos otros fallos graves inherentes a la atención privada a la salud.

Pero la "reforma" del sistema de salud no está en la agenda. Así que nos enfrentamos a una aparente paradoja: la crisis fiscal, real y muy grave, no es una crisis, y la no crisis requiere acciones drásticas para socavar un sistema eficiente y bastante sólido.

El observador racional buscará las diferencias entre la seguridad social y los sistemas de cuidado de la salud que puedan explicar esta paradoja.

Algunas de las razones parecen sencillas. No se puede atacar un sistema de salud que esté controlado por las aseguradoras y las corporaciones farmacéuticas. Dicho sistema es inmune y seguirá siéndolo, aun cuando esté ocasionando tremendos problemas financieros (aparte del costo humano), hasta que algún otro sector con gran concentración de poder, probablemente la industria manufacturera, entre a la lid... o, mejor aun, hasta que las instituciones democráticas formales funcionen lo bastante bien como para que la opinión pública sea un factor a tomar en cuenta al desarrollar medidas políticas.

Otra razón es que la seguridad social no tiene mucho valor para los ricos pero es de capital importancia para la subsistencia de la clase trabajadora, los pobres, sus dependientes y los discapacitados. Y como programa del gobierno, sus costos administrativos son tan bajos que no ofrece nada a las instituciones financieras. Sólo beneficia a la "población de abajo", no a los "ciudadanos sustantivos", para usar la ácida terminología de Thorstein Veblen.

Sin embargo el sistema médico funciona muy bien para la gente que importa. De hecho, el cuidado de la salud está racionado por la riqueza; enormes ganancias fluyen hacia el poder privado gracias a prácticas administrativas dirigidas al lucro, no a la atención a la salud. La población de abajo puede ser tratada con sermones sobre la responsabilidad.

Hace poco el Congreso norteamericano aprobó reformas a las normas para la declaración de insolvencia que cierran el cerco a la población de abajo. Cerca de la mitad de las quiebras son el resultado de cuentas de servicios médicos.

La política y la opinión oficiales vuelven a entrar en conflicto. Como en el pasado, la mayoría de los norteamericanos están en favor de un seguro nacional de salud. Por no citar más que uno de muchos ejemplos, en 2003, en un sondeo del *Washington Post* y ABC News, el 80% de los encuestados consideraba que la atención universal a la salud es "más importante que bajar los impuestos".

Al margen de estas consideraciones, la seguridad social se basa
en un principio en extremo peligroso: que a uno debe importarle que una viuda minusválida del otro lado del pueblo tenga qué
comer. Los "reformadores" de la seguridad social preferirían que
cada quien se concentrara en incrementar al máximo su consumo
de bienes y se subordinara al poder. Preocuparse por los demás y
asumir una responsabilidad comunitaria en cosas como la salud
y el retiro es profundamente subversivo.

28. EL PLAN DE LA GUERRA EN IRAQ

1 DE JULIO DE 2005

En su discurso del 28 de junio el presidente Bush afirmó que la invasión a Iraq se inició como parte de "una guerra global contra el terrorismo" que está librando Estados Unidos. En realidad, y tal como se anticipaba, la invasión aumentó la amenaza del terrorismo, quizá en forma significativa.

Las verdades a medias, la desinformación y los planes ocultos han caracterizado desde el principio los pronunciamientos oficiales acerca de las motivaciones de la guerra en Iraq. Las recientes revelaciones acerca de la prisa de ir a la guerra contra Iraq destacan tanto más crudamente en medio del caos que está devastando al país y que amenaza a la región y, por cierto, al mundo entero.

En 2002 Estados Unidos y el Reino Unido proclamaron su derecho a invadir Iraq porque este país estaba desarrollando armas de destrucción masiva. Ésa era la "cuestión única", sobre la que insistieron constantemente Bush, Blair y asociados. Fue también la única base sobre la cual Bush recibió autorización del Congreso para recurrir a la fuerza.

La respuesta a la "cuestión única" se recibió poco después de la invasión, y se admitió con reticencia: las armas de destrucción masiva no existían. Casi sin inmutarse, el sistema doctrinal gubernamental y mediático urdió nuevos pretextos y justificaciones para haber ido a la guerra.

"A los norteamericanos no les gusta pensar que son agresores, pero lo que ocurrió en Iraq es una cruda agresión", concluyó John Prados, analista de seguridad nacional e inteligencia después de una minuciosa y extensa revisión de los archivos documentales, en su libro *Hoodwinked*, publicado en 2004. Prados describe el "esquema [de Bush] para convencer a Estados Unidos y al mundo de que la guerra con Iraq era necesaria y urgente" como "un ejemplo de deshonestidad del gobierno [...] para lo que se reque-

ría hacer declaraciones públicas patentemente falsas y una desca-
rada manipulación de la información".

El memorando de Downing Street, publicado el 1 de mayo en
The Sunday Times de Londres, junto con otros documentos oficiales que acaban de hacerse públicos, ha incrementado el historial
de dolo.

El memorando proviene de una reunión del gabinete de Blair
del 23 de julio de 2002, durante la cual sir Richard Dearlove, jefe
del servicio secreto exterior del Reino Unido, hace la hoy famosa
declaración de que "la información y los hechos se arreglaron en
torno a la decisión política" de ir a la guerra contra Iraq.

El memorando cita también las palabras del secretario de Defensa del Reino Unido, Geoff Hoon: "Estados Unidos ya había iniciado
'brotes de actividad' para ejercer presión sobre el régimen."

El periodista inglés Michael Smith, que dio a conocer la historia del memorando, ha escrito más a fondo sobre su contexto y
contenido en artículos subsecuentes. Los "brotes de actividad"
incluían aparentemente una campaña área en coalición con la
intención de provocar a Iraq para que cometiera alguna acción
que se caracterizaría como lo que el memorando llama un *casus
belli*. Los bombardeos de los aviones de guerra empezaron en el
sur de Iraq en mayo de 2002: diez toneladas de bombas en ese
mes, según cifras del gobierno británico. Un "brote" especial empezó a fines de agosto (para acumular en septiembre un total de
54.6 toneladas).

"En otras palabras, Bush y Blair no empezaron su guerra en
marzo de 2003, como todo el mundo creía, sino a fines de agosto
de 2002, seis semanas antes de que el Congreso de Estados Unidos
aprobara la acción militar en contra de Iraq", escribe Smith.

Los ataques se presentaron como una acción defensiva para
proteger a los aviones de la coalición en la zona de proscripción
de vuelos. Irán protestó ante la ONU pero no cayó en la trampa
de contestar.[1]

---

[1] Acerca de la ilegalidad de las zonas de proscripción de vuelos y sus terribles
efectos sobre los civiles en años previos, véase Von Sponeck, *A different kind of war*
(2006).

Para los planificadores de Estados Unidos y el Reino Unido invadir Iraq era una prioridad mucho más alta que la "guerra al terrorismo", según lo revelan los informes de sus propios organismos de inteligencia. En vísperas de la invasión de los aliados un informe clasificado del Consejo de Inteligencia Nacional (CIN), el centro de inteligencia comunitario para el pensamiento estratégico, "predijo que una invasión a Iraq encabezada por Estados Unidos incrementaría el apoyo al islamismo político y tendría como resultado una sociedad iraquí profundamente dividida y propensa a conflictos internos violentos", reportaron Douglas Jehl y David E. Sanger en el *New York Times*, en septiembre pasado (2004).

En diciembre de 2004, reportó Jehl unas cuantas semanas más tarde, el CIN advirtió que el conflicto en "Iraq y otros posibles conflictos futuros podrían alimentar el reclutamiento, los campos de entrenamiento, las capacidades técnicas y las aptitudes lingüísticas para una nueva clase de terroristas 'profesionalizados', para los cuales la violencia política será un fin en sí misma".

La disposición de los principales planificadores a arriesgarse al incremento del terrorismo no indica, por supuesto, que acojan con agrado estos resultados. Es más bien que no constituyen una alta prioridad en comparación con otros objetivos, como controlar los principales recursos energéticos del globo.

Si Estados Unidos puede mantener el control de Iraq, que ocupa el segundo lugar en las reservas petroleras conocidas del mundo, y que está precisamente en el centro de los mayores productores de suministros energéticos, esto incrementará significativamente su poder y su influencia estratégicos en comparación con sus principales rivales en el mundo tripolar que se ha ido conformando durante los últimos treinta años: América del Norte, dominada por Estados Unidos, Europa y el noreste de Asia, vinculado con las economías del sur y del sureste de Asia.

Es un cálculo racional, si asumimos que la supervivencia de la humanidad no tiene particular importancia comparada con el poder y la riqueza en el corto plazo. Y esto no es nuevo. Los mismos temas reverberan a lo largo de la historia. Hoy, en esta era de armas nucleares, la única diferencia es que lo que está en juego es infinitamente mayor.

29. EL LEGADO DE HIROSHIMA Y EL TERRORISMO EN NUESTROS DÍAS

2 DE AGOSTO DE 2005

El aniversario del ataque a Hiroshima y Nagasaki, este mes, inspira sombrías reflexiones y las más fervientes esperanzas de que esos horrores no se repitan nunca. En los sesenta años posteriores las bombas lanzadas han plagado la imaginación del mundo, pero no tanto como para reprimir el desarrollo y la proliferación de armas de destrucción masiva infinitamente más letales.

La inquietud concomitante, discutida en la bibliografía técnica desde mucho antes del 11 de septiembre, es que las armas nucleares puedan caer, más pronto o más tarde, en manos de grupos terroristas.

Las recientes explosiones de Londres (julio de 2005) son un recordatorio más de que el ciclo de ataque y respuesta podría aumentar en forma impredecible, incluso hasta un punto horripilantemente peor que en Hiroshima y Nagasaki.

La potencia reinante en el mundo se arroga el derecho de hacer la guerra a su antojo, con una doctrina de "autodefensa anticipada", que engloba cualquier contingencia que le plazca. Los medios de destrucción serán ilimitados.

El gasto militar de los norteamericanos es aproximadamente el mismo que el de todo el resto del mundo en conjunto, y las ventas de armas de 38 compañías norteamericanas (una en Canadá) dan cuenta de más de 60% del total mundial (que se elevó 25% desde 2002).

Se han hecho esfuerzos por fortalecer el delgado hilo del que pende la supervivencia. El más importante es el Tratado Sobre la no Proliferación de las Armas Nucleares (NPT), que entró en vigor en 1970. La conferencia quinquenal regular de revisión del NPT se celebró en la ONU en mayo (2005).

El NPT ha estado al borde del colapso, ante todo debido a que los países nucleares no han cumplido sus obligaciones, estipuladas en el artículo IV, de realizar esfuerzos "de buena fe" para eliminar las armas nucleares. El primero en rehusarse a cumplir con las obligaciones contenidas en este artículo ha sido Estados Unidos. Mohamed ElBaradei, jefe de la Agencia Internacional de Energía Atómica, subraya que "la reticencia de una de las partes a cumplir con sus obligaciones engendra reticencia en las demás".

El presidente Jimmy Carter arremetió contra Estados Unidos tildándolo de ser

el mayor culpable en esta erosión del NPT. A la vez que proclaman que están protegiendo al mundo de amenazas de proliferación en Iraq, Libia, Irán y Corea del Norte, los líderes norteamericanos no solamente han abandonado las restricciones del tratado sino que también han hecho planes para probar y desarrollar nuevas armas, incluyendo misiles anti-balísticos, el *bunker buster*, que penetra en el suelo y es posible que también algunas bombas nuevas "pequeñas". También han incumplido antiguas promesas y ahora amenazan con el uso inicial de armas nucleares en contra de estados no nucleares.

El hilo ha estado muchas veces a punto de romperse desde los años de Hiroshima. El caso más conocido fue la crisis cubana de los misiles en octubre de 1962, "el momento más peligroso de la historia de la humanidad", como observó en 2002 Arthur Schlesinger, historiador y ex asesor del presidente John F. Kennedy, en una conferencia retrospectiva en La Habana.

El mundo "estuvo a un pelito del desastre nuclear", recuerda Robert McNamara, secretario de Defensa de Kennedy, quien también asistió a esa conferencia. En el número de mayo-junio (2005) de *Foreign Policy* McNamara acompaña este recordatorio con una nueva alerta contra un "apocalipsis cercano".

Para McNamara "la actual política sobre armas nucleares de Estados Unidos [es] inmoral, ilegal, militarmente innecesaria y fatalmente peligrosa, [y genera] riesgos inaceptables para otras naciones y para la nuestra propia", el riesgo tanto de "un lanzamiento accidental o por descuido, que es inaceptablemente alto", como de un ataque terrorista. McNamara se suma a la opinión de

William Perry, secretario de Defensa de Bill Clinton, de que "hay una probabilidad de más de 50% de un ataque nuclear a objetivos estadunidenses en el curso de un decenio".

Prominentes analistas estratégicos expresan opiniones similares. En su libro *Nuclear terrorism* el especialista en relaciones internacionales de Harvard, Graham Allison, informa del "consenso en la comunidad de seguridad nacional" (de la que forma parte) de que es inevitable un ataque con una "bomba sucia",[*] y altamente posible un ataque con arma nuclear, si no se recuperan y se custodian los materiales fisibles, que son el ingrediente esencial. Allison pasa revista al éxito parcial de los intentos por lograrlo desde principios de los años noventa, con las iniciativas de los senadores Sam Nunn y Richard Lugar, y del revés que se dio a estos programas desde los primeros días de la administración Bush, paralizados por lo que el senador Joseph Biden llamó "imbecilidad ideológica".

Los dirigentes de Washington han hecho de lado los programas de no proliferación y consagrado sus energías y recursos a arrastrar al país a la guerra valiéndose de extraordinarias supercherías, para tratar después de hacer frente a la catástrofe que han creado en Iraq. La amenaza y el uso de la violencia están estimulando la proliferación nuclear junto con el terrorismo de la jihad.

Una revisión de alto nivel de la "guerra al terrorismo", dos años después de la invasión, "se centró en la forma de lidiar con el surgimiento de una nueva generación de terroristas, adiestrados en Iraq durante los últimos años —informa Susan B. Glasser en el *Washington Post*—. Los funcionarios de más alto rango están dirigiendo cada vez más su atención a adelantarse a lo que alguien llamó 'la sangría' de cientos o miles de jihadistas entrenados en Iraq que regresan a sus países de origen, en Medio Oriente y Europa occidental. 'Es un nuevo elemento en una nueva ecuación. Si no sabe uno quiénes son en Iraq, ¿cómo vamos a localizarlos en Estambul o Londres?', dijo un antiguo funcionario de alto rango de la administración Bush."

---

[*] Las "bombas sucias" son los llamados "aparatos de dispersión radiológica" o "armas radiológicas", que combinan material radiactivo con explosivos convencionales.

Peter Bergen, estadunidense especialista en terrorismo, señala en el *Boston Globe* que "el presidente tiene razón cuando dice que Iraq es el principal frente de la guerra contra el terrorismo, pero es un frente que creamos nosotros".

Poco después del ataque lanzado en Londres, Chatham House, el instituto de asuntos internacionales más importante del Reino Unido, publicó un estudio que llega a la siguiente conclusión obvia —negada por el gobierno con indignación—: "el Reino Unido está especialmente en peligro por ser el aliado más cercano de Estados Unidos, porque ha desplegado a su ejército en las campañas militares para derrocar al régimen talibán en Afganistán e Iraq... [y es] un pasajero de segunda" en la política norteamericana, que ocupa el asiento de atrás de la motocicleta.

La probabilidad del apocalipsis cercano no puede ser estimada realistamente, pero es sin duda demasiado alta como para que los individuos en su sano juicio la contemplen con ecuanimidad. Especular es inútil, pero reaccionar ante la amenaza de otra Hiroshima definitivamente no lo es. Por el contrario, es urgente, sobre todo en Estados Unidos, debido al papel primordial de Washington en la aceleración de la carrera hacia la destrucción, al extender su dominación militar única en la historia, junto con políticas de un militarismo agresivo, tanto de palabra como de hecho, que representan prácticamente una invitación al desastre.

30. EL 11 DE SEPTIEMBRE Y LA DOCTRINA DE LAS BUENAS INTENCIONES

30 DE AGOSTO DE 2005

No es tarea fácil entender siquiera un poco los asuntos de los hombres. En algunos aspectos es más difícil que entender las ciencias naturales. La madre naturaleza no nos revela fácilmente sus secretos, pero al menos no se esfuerza por poner barreras al entendimiento.

En los asuntos humanos es necesario detectar y desmantelar barreras erigidas por los sistemas doctrinales, que adoptan una variedad de artificios que fluyen con mucha naturalidad de la concentración de poder. A veces eso se reconoce francamente; por ejemplo por Samuel Huntington, profesor de ciencia del gobierno en la Universidad de Harvard, quien explicó así la función de la amenaza soviética en 1981, justo cuando la administración entrante de Reagan estaba atizando la guerra fría: "A veces hay que vender [la intervención u otra acción militar] de tal manera que se cree la errónea impresión de que se está luchando contra la Unión Soviética. Eso es lo que Estados Unidos ha venido haciendo desde la doctrina Truman."

Para facilitar el esfuerzo de mercadotecnia, los sistemas doctrinales suelen retratar al enemigo en turno como diabólico por naturaleza. En ocasiones esta caracterización es correcta, pero los crímenes rara vez son el origen del llamado a tomar medidas disuasorias contra algún objetivo que estorbe los planes en curso.

Un ejemplo reciente es el de Saddam Hussein, un objetivo indefenso caracterizado como una terrible amenaza a nuestra supervivencia, responsable del 11 de septiembre que estaba a punto de atacarnos nuevamente.

En 1982 la administración Reagan quitó al Iraq de Saddam de la lista de naciones que apoyaban el terrorismo, con el fin de poder iniciar el flujo de ayuda militar y de otro tipo para el tirano homicida. Este flujo continuó mucho después de que Saddam cometiera sus peores barbaridades y del fin de la guerra con Irán, e incluyó los medios para desarrollar armas de destrucción masiva. El historial, difícilmente oscuro, se clasifica bajo el "acuerdo tácito general de que 'no sería necesario' mencionar ese hecho en particular", por usar la frase de Orwell.

Es necesario crear impresiones erróneas no solamente acerca del "Gran Satanás" del día sino también de nuestra propia nobleza inigualable. La agresión y el terror, en especial, deben pintarse como autodefensa y entrega a las visiones edificantes.

El emperador de Japón, Hirohito, en su declaración de capitulación de agosto de 1945, dijo a sus conciudadanos: "Declaramos la guerra a Estados Unidos y a Gran Bretaña a raíz de nuestro sincero deseo de proteger a Japón y estabilizar el este de Asia. Estaba muy lejos de nuestras intenciones violar la soberanía de otras naciones o embarcarnos en una expansión territorial."

La historia de los crímenes internacionales abunda en sentimientos similares, incluyendo sus abismos más profundos. En 1935, cuando ya amenazaban los nubarrones del nazismo, Martin Heidegger declaró que Alemania debía impedir ahora "el peligro de que el mundo siga oscureciéndose" más allá de las fronteras del país. Con sus "nuevas energías espirituales" reanimadas por el régimen nazi, Alemania es capaz, al fin, de "asumir su misión histórica" de salvar al mundo de la "aniquilación" por la "masa indiferente" de otros sitios, en primer lugar de Estados Unidos y de Rusia.

Incluso los individuos de mayor inteligencia e integridad moral sucumben a esa patología. Cuando Inglaterra estaba cometiendo sus peores crímenes en India y en China, que conocía perfectamente, John Stuart Mill escribió su ensayo clásico sobre la intervención humanitaria, instando a Inglaterra a asumir esta empresa vigorosamente, aun cuando "buscarían motivos ruines" los europeos retrógrados incapaces de entender que Inglaterra es "una novedad en el mundo", una nación que obra exclusivamente "en el servicio a los demás", cargando desinteresadamente con los costos de llevar la paz y la justicia al mundo.

La imagen de virtuoso excepcionalismo parece ser casi universal. Un tema constante para Estados Unidos es la dedicación a llevar la democracia y la independencia a un mundo que sufre.

La historia estándar académica y mediática es que la política exterior norteamericana contiene dos tendencias en conflicto. Una es el llamado idealismo wilsoniano, basado en nobles intenciones. La otra es el sobrio realismo, que dice que debemos darnos cuenta de las limitaciones de nuestras buenas intenciones. Son las únicas dos opciones.

Cualquiera que sea la retórica en vigor, se necesita disciplina para no reconocer los elementos de verdad en la observación del historiador Arno Mayer de que desde 1947 Estados Unidos ha sido uno de los países que más actos terroristas y otras "acciones 'ruines'" ha perpetrado, ocasionando inmensos daños, "siempre en el nombre de la democracia, la libertad y la justicia".

Para Estados Unidos el eterno adversario ha sido el nacionalismo independiente, sobre todo cuando amenaza con convertirse en un "virus", por usar la referencia de Henry Kissinger al socialismo democrático en Chile después de que Salvador Allende fuera electo presidente, en 1970. Por lo tanto, el virus debía ser extirpado, como lo fue, el martes 11 de septiembre de 1973, fecha a la que a menudo se alude como "el primer 11 de septiembre" de América Latina.

En esa fecha, después de muchos años de subversión norteamericana, las fuerzas del general Augusto Pinochet atacaron el palacio presidencial. Allende murió, en un aparente suicidio, al no estar dispuesto a rendirse al asalto que arrasó con la democracia latinoamericana más antigua y más vibrante, y Pinochet estableció un régimen brutal. El número oficial de víctimas del primer 11 de septiembre es de 3 200; la cifra real se estima, en general, en cerca del doble. En términos per cápita, sería equivalente a entre 50 mil y 100 mil muertos en Estados Unidos. Se calculó después que 30 mil personas fueron víctimas de horribles torturas; el equivalente en este país sería de 700 mil norteamericanos.

Washington respaldó firmemente el régimen de Pinochet, y su papel no fue menor en su triunfo inicial. Pinochet pronto dio pasos para integrar a otras dictaduras militares latinoamericanas instigadas por los norteamericanos en la "Operación Cóndor", la red internacional de estados terroristas que asoló a América Latina.

Éste es uno entre tantos ejemplos de "promoción de la democracia" en el hemisferio y en otros sitios.

Ahora se nos quiere hacer creer que la misión de Estados Unidos en Afganistán e Iraq es llevarles la democracia.

"Los musulmanes no 'detestan nuestra libertad' sino nuestras políticas —concluye un reporte de septiembre pasado (2004) del Consejo para la Ciencia de la Defensa, un panel de asesores del Pentágono, y agrega—: Cuando la diplomacia pública norteamericana habla de llevar la democracia a las sociedades islamistas, no se ve más que como pura e interesada hipocresía." A los ojos de los musulmanes —continúa el informe—, "la ocupación norteamericana de Afganistán e Iraq no ha llevado a la democracia sino sólo a más caos y más sufrimiento".

En un artículo de julio (2005) del *Financial Times*, que cita el informe del consejo, David Gardner observa: "En su mayoría los árabes opinan que quien dio al traste con el *statu quo* fue Osama bin Laden, no George W. Bush, [porque] los ataques del 11 de septiembre hicieron que Occidente y sus clientes árabes déspotas no pudieran continuar ignorando un tablado político que incubó una furia ciega en su contra." Esta opinión puede resultar demasiado optimista

No debería producir sorpresa que Estados Unidos sea como otras naciones poderosas, presentes y pasadas, que protegen los intereses estratégicos y económicos de sectores dominantes, con el acompañamiento de florituras retóricas acerca de su excepcional dedicación a los más altos valores.

Contra el telón de fondo del desastre que tiene lugar en Iraq, la fe acrítica en las buenas intenciones no hace más que posponer un cambio de rumbo, desesperadamente necesario, del enfoque y de la política.

31. LA ADMINISTRACIÓN BUSH DURANTE LA TEMPORADA DE HURACANES

30 DE SEPTIEMBRE DE 2005

Mientras los sobrevivientes del huracán Katrina intentan volver a juntar las piezas de su vida, está cada vez más claro que una tormenta de políticas y prioridades desencaminadas que venía formándose desde tiempo atrás precedió a la tragedia.

En un informe anterior al 11 de septiembre la Agencia Federal para el Manejo de Emergencias (FEMA, por sus siglas en inglés) había mencionado un huracán de grandes proporciones en Nueva Orleáns como una de las tres catástrofes más probables que podrían golpear a Estados Unidos. Las otras dos eran un atentado terrorista en Nueva York y un terremoto en San Francisco.

Nueva Orleáns se había convertido en una prioridad urgente de la FEMA desde enero (2005), cuando su ahora ex director Michael Brown acababa de regresar de un recorrido de la zona devastada por el tsunami en Asia. "El desastre número 1 del que siempre hablábamos era Nueva Orleáns —declaró Eric L. Tolbert, antiguo funcionario de la FEMA, al *New York Times*—. Estábamos obsesionados con Nueva Orleáns debido a los riesgos." Un año antes de que azotara Katrina la FEMA realizó un exitoso ejercicio de simulación de un huracán en Nueva Orleáns, pero sus elaborados planes no se pusieron en práctica.

La guerra influyó en el fracaso. Las tropas de la Guardia Nacional que habían sido enviadas a Iraq "se llevaron consigo una gran cantidad de equipo necesario, entre otras cosas docenas de vehículos para circular con una gran cantidad de agua, Humvees,* camiones cisterna para combustible y generadores que se reque-

---

* El M998 High Mobility Multipurpose Wheeled Vehicle (HMMWV, Hum-Vee) es un vehículo motorizado de muy alta duración y resistencia, que ocupa el lugar que antes tenía el jeep.

rirían en la eventualidad de que un desastre natural azotara al estado —reporta el *Wall Street Journal*—. Un oficial del ejército de alto rango dijo que las fuerzas armadas estaban reacias a enviar a la 4a. brigada de la 10a. división de montaña de Fort Polk, porque la unidad, que consta de varios miles de soldados, está preparándose para el despliegue en Afganistán."

Las maniobras burocráticas también le hicieron sombra al peligro de un desastre natural. Ex funcionarios de la FEMA dijeron al *Chicago Tribune* que la capacidad del organismo se vio "efectivamente limitada" por la administración Bush cuando fue asimilada al Departamento de Seguridad Nacional, con menos recursos, más burocracia y una "fuga de cerebros", cuando los desmoralizados empleados se fueron y se puso al frente a un incompetente compinche de Bush.

La FEMA, que alguna vez fuera una "agencia federal de primer piso", ya "ni siquiera ocupa el asiento trasero —dijo Eric Holdeman, director de manejo de emergencias en King County, Washington, a *The Financial Times*—. Están en el maletero del carro del Departamento de Seguridad Nacional."

Los recortes de fondos ordenados por Bush en 2004 obligaron al cuerpo de ingenieros del ejército a reducir drásticamente las obras de control de inundaciones, incluyendo el tan necesario refuerzo de los diques que protegían a Nueva Orleáns. El presupuesto de 2005 exigió una nueva y considerable reducción: una especialidad del sentido de oportunidad de la administración Bush, muy parecida a la reducción en seguridad en el transporte público justo antes de las bombas colocadas en Londres en julio de 2005.

El descuido del ambiente fue otro factor en esta tormenta perfecta. Los pantanos contribuyen a reducir la potencia de los huracanes y las tormentas, pero Sandra Postel, especialista en políticas relativas al agua, escribió en *The Christian Science Monitor* que los pantanos "habían desaparecido cuando Katrina azotó" la ciudad, en parte porque "en 2003 la administración Bush, con sus políticas de 'cero pérdidas', abandonó las medidas respecto a los pantanos iniciadas durante la administración del primer Bush".

Los costos humanos de Katrina son incalculables, sobre todo entre los ciudadanos más pobres de la región, pero otra cifra importante es la tasa de pobreza de 28% en Nueva Orleáns, más del doble de la nacional, tasa que ha aumentado durante la administración Bush. Y la limitada red de seguridad de la beneficencia se ha debilitado aún más. Los efectos fueron tan impresionantes que incluso los medios de comunicación de derecha estaban impactados por la magnitud de la devastación según la clase y la raza.

Mientras los medios mostraban vívidas escenas de miseria humana, las páginas interiores reportaban que los líderes republicanos no tardaron en "utilizar las medidas de rescate para la costa del Golfo arrasada por el huracán a fin de lograr una amplia variedad de políticas conservadoras económicas y sociales", asienta el *Wall Street Journal.*

Esas medidas promotoras de la agenda incluyen la suspensión de las leyes que obligan a los contratistas federales al pago de los salarios vigentes y a entregar cupones a los escolares desplazados, lo que significa otro golpe bajo al sistema de la escuela pública. Estaban incluidas también restricciones ambientales, "suspender el impuesto a la propiedad por las muertes en los estados afectados por la tormenta" —de gran provecho para la población que salió huyendo de los barrios pobres de Nueva Orleáns— y, en general, mostrar claramente, una vez, más que el cinismo no conoce fronteras.

Con la inundación se perdió el interés en las necesidades de las ciudades y en los servicios humanitarios. En la agenda tiene precedencia intensificar la dominación global y la concentración nacional de riqueza y poder.

Las imágenes del sufrimiento en Iraq y de las secuelas del huracán Katrina no podrían retratar las consecuencias con mayor dramatismo.

32. EL "DISEÑO INTELIGENTE" Y SUS CONSECUENCIAS

2 DE NOVIEMBRE DE 2005

El presidente George W. Bush se pronuncia a favor de enseñar en las escuelas tanto evolución como "diseño inteligente", "para que la gente sepa de qué se trata el debate".

Para sus defensores, el diseño inteligente es la noción de que el universo es demasiado complejo como para haberse desarrollado sin el empujón de un poder más elevado que la evolución o la selección natural. Para sus detractores, el diseño inteligente es creacionismo apenas disfrazado —la interpretación literal del libro del Génesis—, o sencillamente vacuo, más o menos de tanto interés como decir "no entiendo nada", como ha ocurrido siempre en ciencias antes de que se alcance el entendimiento. Por lo tanto, no puede haber un "debate".

La enseñanza de la evolución siempre ha sido difícil en Estados Unidos. Ahora ha surgido un movimiento nacional para promover la enseñanza del diseño inteligente en las escuelas. La cuestión surgió, como se sabe, en un tribunal de Dover, Pensilvania, donde el consejo directivo de una escuela está requiriendo que los estudiantes escuchen una declaración acerca del diseño inteligente en una clase de biología... y los padres que están atentos a la separación entre la iglesia y el estado, asentada en la constitución, demandaron al consejo.

En honor a la justicia, tal vez los que escriben los discursos del presidente deberían tomárselo en serio cuando le hacen decir que las escuelas deberían tener la mente abierta y enseñar todos los puntos de vista. Sin embargo, hasta hoy el programa no incluye un punto de vista obvio: el diseño maligno.

Al contrario del diseño inteligente, para el cual no hay absolutamente ninguna prueba, para el diseño maligno hay toneladas de pruebas empíricas, muchas más que para la evolución darwiniana, si empleamos ciertos criterios: la crueldad en el mundo.

Sea como sea, los antecedentes de la actual controversia en torno al diseño inteligente *vs.* la evolución son el extendido rechazo de la ciencia, fenómeno con hondas raíces en la historia de Estados Unidos, cínicamente explotado con fines políticos mezquinos durante el último cuarto de siglo.

El diseño inteligente suscita la pregunta de si es inteligente hacer a un lado evidencias significativas acerca de temas de importancia suprema para la nación y el mundo, como el calentamiento global.

Un conservador a la antigua creería en el valor de los ideales de la Ilustración —racionalidad, análisis crítico, libertad de expresión, libertad de indagación— y trataría de adaptarlos a la sociedad moderna. Los padres fundadores de Estados Unidos, hijos de la Ilustración, defendieron esos ideales y se dieron a la tarea de crear una constitución que abogara por la libertad, pese a lo cual se esforzaron por separar la iglesia y el estado. Estados Unidos, a pesar del mesianismo ocasional de sus líderes, no es una teocracia.

En nuestra época, la hostilidad de la administración Bush para con la indagación científica pone al mundo en peligro. Una catástrofe ambiental —ya sea que uno piense que el mundo ha venido evolucionando solamente desde el Génesis o desde hace millones de años— es un asunto demasiado serio como para ignorarlo.

En preparación para la cumbre del G8 del verano pasado (2005), las academias científicas de todas las naciones que lo componen (incluida la Academia Nacional de Ciencias de Estados Unidos), a las que se sumaron las de China, India y Brasil, instaron a los gobiernos de los países ricos a emprender acciones urgentes para detener el calentamiento global. "La comprensión científica del cambio climático es ahora lo suficientemente clara como para que se justifique una acción inmediata —reza su declaración—. Es vital que todas las naciones identifiquen las medidas efectivas en términos de costos que se pueden tomar hoy, para contribuir a la reducción sustancial y a largo plazo de las emisiones globales netas de gases de invernadero."

En su editorial de primera plana el *Financial Times* apoya este "toque de clarín" y observa a su vez: "Sin embargo, hay un impedimento, y desafortunadamente se encuentra en la Casa Blanca, donde [...] George W. Bush [...] insiste en que todavía no conocemos lo suficiente acerca de este fenómeno que literalmente puede cambiar el mundo."

Desechar la evidencia científica en cuestiones de supervivencia, ajustándose a la opinión científica de Bush, es ya normal. Unos meses antes, en la reunión anual de 2005 de la Asociación para el Avance de la Ciencia norteamericana, los más destacados investigadores estadunidenses del clima entregaron "las pruebas más precisas hasta el momento" de que las actividades humanas son responsables del calentamiento global, según el *Financial Times*. Predijeron efectos de gran envergadura en el clima, entre ellos una grave reducción del abasto de agua en las regiones que dependen de los ríos que se alimentan del deshielo y de los glaciares que se derriten.

En la misma sesión, otros investigadores prominentes aportaron pruebas de que el derretimiento de la capa de hielo del Ártico y de Groenlandia está ocasionando cambios en el equilibrio salino del mar, que amenazan con "cancelar la cinta transportadora oceánica que transfiere el calor de los trópicos a las zonas polares través de corrientes como la del Golfo". Estos cambios podrían provocar una considerable reducción de la temperatura en el norte de Europa.

Tal como ocurrió con la declaración de las academias nacionales en la cumbre del G8, la entrega de "las pruebas más precisas hasta el momento" recibió escasa atención en Estados Unidos, pese a la atención que se prestó en esos mismos días a la aplicación de los protocolos de Kyoto, en donde el gobierno más prominente se rehusó a participar.

Es importante hacer hincapié en la palabra "gobierno". La noticia actual de que Estados Unidos está prácticamente solo en el rechazo a los protocolos de Kyoto sólo es correcta si el término "Estados Unidos" excluye a su población, que los apoya vigorosamente (73%, según un sondeo levantado en julio [2005] por el Programa de Actitudes sobre Política Internacional).

Tal vez solamente la palabra "maligno" pueda describir el no reconocer, y menos aún abordar, la cuestión, por demás científica, del cambio climático. La "claridad moral" de la administración Bush se extiende a su arrogante actitud respecto al destino de nuestros nietos.

33. SUDAMÉRICA Y LA GOTA QUE DERRAMA EL VASO

5 DE DICIEMBRE DE 2005

"Venezuela mantiene el fuego del hogar encendido en Massachusetts", reza a toda una plana de un diario estadunidense un anuncio de PDVSA, la compañía petrolera venezolana propiedad del estado, y CITGO, su subsidiaria sita en Houston. El anuncio describe un programa impulsado por el presidente de Venezuela, Hugo Chávez, para la venta de petróleo para calefacción a precios de descuento a las comunidades de bajos ingresos de Boston, el South Bronx y otros sitios de Estados Unidos, en uno de los gestos más irónicos jamás vistos en el diálogo norte-sur.

Las negociaciones tuvieron lugar luego de que un grupo de senadores envió una carta a nueve grandes compañías petroleras pidiéndoles que donaran una porción de sus utilidades más recientes para ayudar a los residentes pobres a cubrir sus facturas de calefacción. La única que respondió fue CITGO.

En el país, los comentarios sobre el trato son renuentes, por decir lo menos, alegando que Chávez, que ha acusado a la administración Bush de tratar de derrocar a su gobierno, actúa con fines políticos... al contrario, por ejemplo de los programas puramente humanitarios de la Agencia para el Desarrollo Internacional estadunidense.

El petróleo para calefacción de Chávez es uno más de los múltiples retos que desbordan de América Latina y confrontan a los planificadores de grandes estrategias de Washington. Las estrepitosas protestas contra el presidente Bush en su último viaje a Argentina (noviembre de 2005), para asistir a la Cumbre de las Américas, ejemplifican el dilema.

De Venezuela a Argentina, el hemisferio se les está saliendo de control, debido a que casi en toda su extensión hay gobiernos de centroizquierda. Incluso en Centroamérica, que todavía padece

las consecuencias de la "guerra contra el terrorismo" del presidente Reagan, la situación parece que no durará mucho.

En Sudamérica las poblaciones indígenas se han vuelto mucho
más activas e influyentes, sobre todo en Bolivia y Ecuador, ambos
grandes productores de energía, donde ya se oponen a la producción de petróleo y gasolina o quieren que se controle en el propio
país. Algunos hasta claman por una "nación indígena" en América del Sur.

Mientras tanto, la integración económica interna se está fortaleciendo, dando marcha atrás al relativo aislamiento que se remonta a la conquista española. Lo que es más, la interacción
sur-sur va en aumento, encabezada por las principales potencias
(Brasil, Sudáfrica, India), especialmente en lo tocante a cuestiones económicas. América Latina en su conjunto está incrementando el comercio y otras relaciones con la Unión Europea y
China, con algunos reveses, pero la expansión es casi segura, especialmente para los exportadores de materias primas, como
Brasil y Chile. De todos los países latinoamericanos, es probablemente Venezuela el que ha forjado las relaciones más estrechas
con China, y está planeando venderle más petróleo como parte
de su esfuerzo por disminuir su dependencia de un gobierno
norteamericano hostil.

Venezuela es, por cierto, el problema más espinoso de Washington en la región, ya que provee cerca del 15% de las importaciones norteamericanas de petróleo. Chávez, elegido en 1998, exhibe
la clase de independencia que Estados Unidos traduce como provocación, tal como ocurre con Fidel Castro, el aliado de Chávez.
En 2002 Washington adoptó la visión de democracia del presidente Bush respaldando un golpe militar que por un lapso muy
breve depuso al gobierno de Chávez. Sin embargo la administración Bush tuvo que dar marcha atrás debido a la oposición al
golpe en Venezuela y en toda América Latina.

Para mayor abundamiento, las relaciones entre Cuba y Venezuela son cada vez más estrechas. Los proyectos conjuntos entre
ambos países tienen asimismo un impacto considerable en las
naciones del Caribe, donde, en un programa llamado Operación
Milagro, médicos cubanos, con financiamiento venezolano, dan

ayuda médica a personas que no tenían ninguna esperanza de obtenerla.

Chávez ha ganado repetidamente elecciones y referendos supervisados, pese a la abrumadora y agria hostilidad de los medios. El apoyo al gobierno electo se ha disparado durante los años de Chávez.[1] El veterano corresponsal en América Latina Hugh O'Shaughnessy explica por qué en un reporte para el *Irish Times:*

En Venezuela, donde por décadas la economía petrolera ha producido una rutilante élite de superricos, una cuarta parte de los menores de 15 años pasan hambre, por ejemplo, y 60% de las personas mayores de 59 años no tienen ningún ingreso. Menos de una quinta parte de la población tiene seguro social. Sólo ahora, con el presidente Chávez [...] la medicina se ha convertido en una realidad para la mayoría azotada por la pobreza en la sociedad rica pero hondamente dividida, casi no funcional. Desde que ganó el poder en unas elecciones democráticas y empezó a transformar el sector de salud y el bienestar, que atendía tan deficientemente a la masa de la población, el progreso ha sido lento. Pero perceptible...

Ahora Venezuela se está uniendo al Mercosur, el principal bloque comercial sudamericano. Mercosur, que ya incluye a Argentina, Brasil, Paraguay y Uruguay, presenta un alternativa para el llamado Acuerdo de Libre Comercio de las Américas, promovido por Estados Unidos.

---

[1] Un informe de 2006 de la prestigiosa organización chilena de encuestas, Latinobarómetro, reveló que Venezuela ocupaba un cercano lugar después de Uruguay (o empataba) en la evaluación positiva de la democracia en el país, elección de la democracia como la mejor forma de gobierno, y opinión de que las elecciones eran la manera más eficaz de lograr cambios. Le correspondía el primer lugar en la idea de que el gobierno actúa en beneficio de todos, no de unos cuantos grupos poderosos, y en la evaluación de la situación económica del país, las perspectivas para el futuro y las políticas del gobierno en materia de economía. Fue uno de los cinco países en los cuales una mayoría dijo que las elecciones eran limpias. La encuesta se mencionó en los medios de comunicación estadunidenses cuando el presidente Bush partió hacia América Latina con "una marcada modificación en las prioridades de Washington respecto a América Latina, dirigidas a contrarrestar el peligro representado por el presidente Hugo Chávez de Venezuela" (Larry Rohter, "Bush to set out shift in agenda on Latin trip", *New York Times*, 6 de marzo de 2007).

En la región, como en cualquier otra parte del mundo, hay otros modelos sociales y económicos en disputa. Movimientos populares enormes, nunca vistos, se han desarrollado para expandir la integración más allá de las fronteras —más allá de los proyectos económicos—, para incluir derechos humanos, intereses ambientales, independencia cultural y contactos personales. A estos movimientos se les da el absurdo nombre de "antiglobalización", porque favorecen la globalización dirigida a los intereses de las personas, no a los inversionistas ni a las instituciones financieras.

Los problemas de Estados Unidos en América se extienden tanto al norte como al sur. Por razones obvias, Washington esperaba apoyarse más en los recursos petroleros de Canadá, Venezuela y otros países no pertenecientes al Medio Oriente. Pero las relaciones de Canadá con Estados Unidos son más "tensas y combativas" que nunca, debido, entre otras cuestiones, al rechazo de Washington a las decisiones del TLCAN que favorecen a ese país. Joel Brinkley reporta en el *New York Times:* "En parte como consecuencia, Canadá está esforzándose arduamente por consolidar sus relaciones con China; algunos funcionarios dicen que es posible que Canadá transfiera una porción significativa de su comercio, especialmente el del petróleo, de Estados Unidos a China."

Se requiere verdadero talento para que Estados Unidos se distancie incluso de Canadá.

Las políticas de Washington hacia América Latina lo único que hacen es aumentar el aislamiento de Estados Unidos. Un ejemplo

---

No parece haberse tomado en cuenta el significado del hecho de que Bush "contrarreste a Chávez" tratando de imitar su retórica (aunque no sus programas, fuera de unas minucias). Pero por fin se mencionó la encuesta en relación con eso; se habló de que había puesto de relieve que, fuera de Venezuela, la opinión negativa de Chávez es parecida a la de Bush (John McKinnon y Matt Moffett, "Bush poised to counter Chávez", *The Wall Street Journal,* 5 de marzo de 2007, y Sara Miller-Lana y Mark Rice-Oxley, "Chávez's oil largesse winning fans abroad", *Christian Science Monitor,* 5 de marzo de 2007). Éstas son las únicas referencias a la encuesta que he visto en la prensa, la cual suele reproducir y ampliar la oratoria de Washington respecto a la destrucción de la democracia en Venezuela. No obstante, todo esto a duras penas llega al nivel del resonar constante de una propaganda histérica contra Chávez en los medios de comunicación, predominantemente derechistas, de buena parte de América Latina, lo cual sería tema interesante para una investigación más cuidadosa.

reciente: durante los últimos 14 años la Asamblea General de la
ONU ha votado en contra del embargo comercial impuesto a Cuba.
El voto de la resolución fue de 182 a 4: Estados Unidos, Israel, las
islas Marshall y Palau. Micronesia se abstuvo de votar. En realidad,
182 a 1.[2]

[2] En noviembre de 2006 el voto pasó a ser de 183 contra 4... los mismos cuatro.

34. EL SIGNIFICADO OCULTO DE LAS ELECCIONES IRAQUÍES

4 DE ENERO DE 2006

El presidente Bush calificó las elecciones iraquíes del mes pasado (diciembre de 2005) como "un gran hito en la marcha hacia la democracia". Sí, son un hito, sólo que no de la clase que le gustaría a Washington.

Haciendo caso omiso de las declaraciones habituales de buenas intenciones de la parte de los dirigentes, echemos un vistazo a la historia. Cuando Bush y Tony Blair, primer ministro de Gran Bretaña, invadieron Iraq, el pretexto que se repitió con insistencia fue una "única pregunta": ¿Eliminará Iraq sus armas de destrucción masiva? Al cabo de unos meses la "única pregunta" recibió respuesta en sentido contrario. Luego, muy pronto, la verdadera razón de la invasión se convirtió en la "misión mesiánica" de Bush de llevar la democracia a Iraq y el Medio Oriente.

Incluso si no prestamos atención a la oportunidad, el carro de la democratización se ha topado con el hecho de que Estados Unidos ha tratado de impedir a toda costa las elecciones en Iraq. Las elecciones de enero pasado (2005) tuvieron lugar debido a la masiva resistencia no violenta que las fuerzas norteamericanas no lograron contener. Pocos observadores preparados podrían discrepar de los editores del *Financial Times*, que en marzo (2005) escribieron que "la razón de que tuvieran lugar [las elecciones] fue la insistencia del gran ayatolá al-Sistani, quien rechazó tres propuestas de las autoridades de ocupación encabezadas por Estados Unidos para evitarlas o diluirlas".

Cuando las elecciones se toman en serio significan que se presta algo de atención a la voluntad de la población. La pregunta definitiva para un ejército invasor es: ¿Quieren que estemos aquí?

No falta información sobre la respuesta. Una fuente importante es una encuesta realizada por investigadores de la universidad iraquí para el Ministerio de Defensa británico en agosto pasado (2005), que se filtró a la prensa inglesa. Arrojó que un 82% se "opone fuertemente" a la presencia de las tropas de la coalición y menos del 1% cree que son responsables de alguna mejoría en la seguridad.

Analistas del Instituto Brookings, de Washington, reportan que en noviembre (2005) 80% de los iraquíes estaban a favor de un "retiro de las tropas estadunidenses a corto plazo". En general, otras fuentes coinciden.[1]

Así que las fuerzas de la coalición deberían retirarse, que es lo que la población quiere que hagan, en vez de tratar desesperadamente de instalar un régimen clientelar con fuerzas militares que puedan controlar.

Pero Bush y Blair siguen negándose a definir un calendario para la retirada, limitándose a posibles retiros simbólicos a medida que vayan alcanzando sus objetivos.

Existe una razón por la cual Estados Unidos no puede tolerar un Iraq libre y soberano, más o menos democrático. A duras penas se puede hablar de este asunto porque choca con la doctrina firmemente establecida: se supone que debemos creer que Estados Unidos habría invadido Iraq aun si fuera una isla en medio del océano Índico y su principal producto de exportación los pepinillos, no el petróleo.

Es obvio para cualquiera que no esté comprometido con la línea del partido republicano que apoderarse de Iraq fortalecerá enormemente el poder estadunidense sobre los recursos energéticos globales, palanca decisiva del control del mundo.

Supongamos que Iraq se volviera soberano y democrático. Imaginemos las políticas que con toda probabilidad instituiría. La

---

[1] Las encuestas realizadas a medidos de 2006 por el Departamento de Estado y el Programa de Actitudes sobre Política Internacional revelaron que dos terceras partes de los bagdadíes querían que las fuerzas norteamericanas se retirasen de inmediato, y que grandes mayorías estaban a favor de la retirada en el término de un año o menos. El 80% cree que la presencia de las fuerzas de Estados Unidos aumenta la violencia, y el 60 considera legítimos los ataques contra las mismas. Las cifras son mucho más altas en el Iraq árabe, donde realmente están acantonadas las tropas. Las cifras han ido en constante ascenso.

población chiita en el sur, donde se encuentra gran parte del
petróleo, tendría una influencia predominante. Y preferirían tener relaciones amistosas con Irán, que es chiita. Las relaciones ya
son cercanas. La brigada Badr, la milicia que controla en gran
medida el sur, recibió entrenamiento en Irán. El clero, muy influ-
yente, también tiene con ese país una relación que viene de antiguo, incluyendo al ayatolá Sistani, que creció allá. Y el gobierno
interino de mayoría chiita ya ha empezado a establecer relaciones
económicas y posiblemente militares con Irán.

Además, del otro lado de la frontera, en Arabia Saudita, hay
una población chiita, numerosa y cruelmente oprimida. Cualquier
paso hacia la libertad en Iraq puede intensificar los esfuerzos por
obtener un poco de autonomía y justicia también allá. Casualmente también ésta es la zona donde se encuentra la mayor parte del
petróleo de Arabia Saudita.

El resultado sería una alianza chiita más o menos informal que
abarcaría Iraq, Irán y las principales regiones petroleras de Arabia
Saudita, independiente de Washington y con el control de una
gran parte de las reservas mundiales de petróleo.

No es imposible que un bloque independiente de esta índole
siga los pasos de Irán en el desarrollo de proyectos energéticos
de envergadura conjuntamente con China y la India.

Irán tal vez deje de lado a Europa Occidental, asumiendo que
no estará dispuesta a actuar independientemente de Estados Unidos. No obstante, a China no se la puede intimidar, por eso Estados Unidos le tiene tanto miedo.

China ya está estableciendo relaciones con Irán, tanto militares
como económicas, e incluso con Arabia Saudita. Existe una red
de seguridad energética asiática, basada en China y Rusia, que
probablemente está atrayendo a India, Corea y otros países. Si
Irán sigue esta dirección, puede convertirse en la bisagra de dicha
red de poder.

Estos acontecimientos, incluyendo un Iraq libre y soberano y
quizá mayores recursos energéticos sauditas, serían la peor pesadilla de Washington.

Además, en Iraq se está restableciendo el movimiento sindical,
acontecimiento de gran importancia. Washington insiste en mantener las cruentas leyes antisindicales de Saddam Hussein, pero

pese a ellas el movimiento continúa organizándose. Están matando a sus activistas. Nadie sabe quién, quizá sean los insurgentes, o los ex baathistas, u otros. Pero siguen adelante. Constituyen una de las principales fuerzas democratizadoras que hincan sus raíces en la historia iraquí, y que podrían revitalizarse, para horror de las fuerzas de ocupación.

Una cuestión decisiva es cuál vaya a ser la reacción de los occidentales. ¿Estaremos del lado de las fuerzas de ocupación, tratando de impedir la democracia y la soberanía? ¿O estaremos del lado del pueblo iraquí?

35. LA VICTORIA DE HAMAS Y LA "PROMOCIÓN DE LA DEMOCRACIA"

9 DE FEBRERO DE 2006

La victoria electoral de Hamas es ominosa pero desafortunadamente comprensible, a la luz de los últimos acontecimientos.

Es justo describir a Hamas como radical, extremista y violento, como una grave amenaza para la paz y para un convenio político imparcial. Pero sería útil recordar que en otros aspectos importantes Hamas no es tan extremista como Estados Unidos e Israel. Por ejemplo, ha dicho que aceptará una tregua a largo plazo respecto a la frontera internacionalmente reconocida antes de junio de 1967, mientras continúa las negociaciones para llegar a un acuerdo político. La idea resulta completamente ajena a Estados Unidos e Israel, que rechazan toda restricción al uso de la violencia por su parte, se niegan a negociar, e insisten en que cualquier desenlace político debe incluir la posesión israelí de partes sustanciales de la margen occidental (y tal vez las olvidadas alturas del Golán).

Hamas ganó al combinar una fuerte resistencia a la ocupación militar con la organización social de bases y el servicio a los pobres, plataforma y práctica que sin duda ganarían votos en cualquier lado.

Sin embargo, para la administración Bush la victoria representa un obstáculo más en la política de desalentar la democracia, oficialmente llamada "promoción de la democracia" en la neoparla* dominante.

La postura de Washington respecto a las elecciones en Palestina ha sido consistente. Mantuvo las elecciones en espera hasta la

---

* George Orwell denomina así, en su obra 1984, al lenguaje embaucador del gobierno. [E.]

muerte de Yasser Arafat, porque se daba por hecho que él las ganaría. No se cuestionaba que no podían permitirse las elecciones si existía la posibilidad de que las ganara el candidato inapropiado. La muerte de Arafat se vio como la oportunidad de poner en práctica la "visión" de Bush de tener un estado palestino democrático: reflejo pálido y vago del consenso internacional sobre el asentamiento de dos estados, que Estados Unidos ha venido bloqueando durante treinta años.

En un análisis preparado para el *New York Times* poco después de la muerte de Arafat, "Hoping democracy can replace a Palestinian icon", Steven Erlanger escribe: "La era post-Arafat será la última prueba del artículo de fe por excelencia de los norteamericanos: que las elecciones legitiman incluso a las instituciones más frágiles."

En el último párrafo leemos: "Empero, para los palestinos la paradoja es múltiple. Anteriormente la administración Bush se resistió a que los palestinos realizaran nuevas elecciones. Se pensaba entonces que las elecciones harían que el señor Arafat tuviera una mejor imagen y le darían un nuevo mandato, y que además podrían contribuir a que Hamas tuviera más credibilidad y autoridad."

En pocas palabras, el "artículo de fe por excelencia" es que está bien tener elecciones mientras el resultado sea el deseado.

El problema tiene una contraparte reciente. La resistencia masiva no violenta en Iraq obligó a Washington y Londres a permitir unas elecciones que habían estado tratando de impedir por medio de una serie de artilugios. El esfuerzo subsiguiente por subvertir las elecciones no deseadas proveyendo de sustanciales ventajas al candidato favorito de la administración y expulsando a los medios independientes no tuvo éxito.

Washington recurrió a las maneras usuales de subversión también en Palestina. El mes pasado (enero de 2006) el *Washington Post* refirió que la Agencia para el Desarrollo Internacional norteamericana se convirtió en un "conducto invisible", en un esfuerzo por "aumentar la popularidad de la Autoridad Palestina en vísperas de unas elecciones decisivas en que el partido gubernamental se enfrenta a un serio desafío por parte del grupo islamista radical Hamas". Y el *New York Times* reportó: "Esta semana Estados Unidos gastó cerca de 1.9 millones de dólares, de los 400 de la ayuda anual que asigna a los palestinos, en docenas de proyectos rápidos antes de las elecciones, con objeto de reforzar la imagen de la facción gobernante de Fatah entre los votantes y fortalecerla en la competencia con la facción militante de Hamas."

Como es habitual, el consulado norteamericano en el este de Jerusalén aseguró a la prensa que los esfuerzos disimulados por promover a Fatah se realizaron sólo con el ánimo de "alentar las instituciones democráticas y apoyar a los actores democráticos, no sólo a Fatah".

En Estados Unidos, o en cualquier país occidental, el menor viso de semejante interferencia extranjera destruiría a un candidato, pero la mentalidad imperial profundamente arraigada legitima estas rutinarias medidas de subversión de las elecciones en cualquier otro sitio. Sin embargo el intento volvió a fallar estrepitosamente.

Ahora los gobiernos de Estados Unidos e Israel deben adaptarse a tratar de alguna manera con un partido islamista radical que concuerda con su propio rechazo tradicional del consenso internacional, aun cuando no por entero, al menos si Hamas realmente tiene la intención de aceptar una tregua relativa a la frontera anterior a 1967.

El compromiso formal de Hamas de "destruir Israel" lo coloca a la par de Estados Unidos e Israel, que formalmente prometieron que no habría un "estado palestino adicional" (además de Jordania) hasta que no aflojaran su postura extrema de rechazo de los últimos años y aceptaran un "estadito" formado con los fragmentos que queden después de que Israel se apropie de lo que desee en Palestina.

Para abundar en el argumento, imaginemos que las circunstancias son las contrarias: que Hamas está de acuerdo en permitir que Israel permanezca en los cantones dispersos, inexplotables, separados unos de otros, y en una pequeña parte de Jerusalén, mientras Palestina construye enormes proyectos de asentamiento e infraestructura para apoderarse del territorio y los recursos de valor. Y Hamas aceptará llamar "estado" a los fragmentos.

Si se hicieran propuestas para esta miserable forma de "estado" nos horrorizaríamos, y con razón, y tal vez advertiríamos que está resucitando el nazismo y pidiendo que en la Corte Internacional se acusase a Hamas por incitar al genocidio, violando así la Convención sobre el Genocidio. Pero con semejantes propuestas la posición de Hamas sería esencialmente semejante a la de Estados Unidos e Israel.

NOTA: Pocos días después de la aparición de este artículo las élites norteamericanas (junto con las de Europa) brindaron una demostración dramática de su odio visceral hacia la democracia (a menos que funcione como quieren: la "fuerte línea de continuidad" que encontró Thomas Carothers). Decidieron apoyar el programa israelí de aplicar un castigo sumamente duro por votar "mal" en una elección libre. Como suele ocurrir, la opinión de la élite no pudo detectar lo que esto, sin duda, implica. Para más sobre este asunto véase Gilbert Achcar, Noam Chomsky y Stephen Shalom, *Perilous power* (2007).

36. ASIA, AMÉRICA Y LA SUPERPOTENCIA REINANTE

7 DE MARZO DE 2006

La perspectiva de que Europa y Asia pudieran dar pasos hacia una mayor independencia ha perturbado a los planificadores estadunidenses desde la segunda guerra mundial. La preocupación ha aumentado dado que ha seguido avanzando el "orden tripolar": Europa, Norteamérica y Asia.

Con cada día que pasa también América Latina se va independizando más. Ahora Asia y América están fortaleciendo sus vínculos mientras la superpotencia reinante, el que queda fuera, se consume en sus desventuras en el Medio Oriente.

La integración regional en Asia y Latinoamérica es una cuestión decisiva y cada vez más importante que, desde la perspectiva de Washington, presagia un mundo desafiante que se ha salido de control. Por supuesto, la energía sigue siendo un factor determinante —el motivo de controversia— por doquier.

China, a diferencia de Europa, se rehúsa a dejarse intimidar por Washington, razón principal de que los planificadores estadunidenses le teman. Esta situación plantea un dilema: cualquier paso que signifique confrontación es inhibido por la dependencia corporativa de Estados Unidos con respecto China como plataforma de exportación y mercado en crecimiento, así como de las reservas financieras chinas, que según se dice se asemejan, por su escala, a las de Japón.

En enero (2006) Abdulá, el rey de Arabia Saudita, visitó Beijing, hecho que se espera remate en un memorando de entendimiento sino-saudí que convoque a una "mayor cooperación e inversión entre los dos países en petróleo, gas natural y minerales", informa el *Wall Street Journal.*

Gran parte del petróleo de Irán ya va a China, y ésta a su vez provee a Irán de armas que ambas naciones consideran presumiblemente un elemento de disuasión para las intenciones de los estadunidenses.

India también tiene opciones. Puede escoger entre ser cliente de Estados Unidos o sumarse al bloque asiático más independiente que se está conformando, cada vez más vinculado a los productores de petróleo del Medio Oriente. Siddarth Varadarajan, subeditor del *Hindu,* observa que "si el siglo XXI ha de ser un 'siglo asiático', debe terminar la pasividad de Asia en el sector energético".

La clave es la cooperación entre India y China. En enero (2006) un acuerdo firmado en Beijing "despejó el camino para que India y China colaboren no sólo en tecnología sino también en la exploración y producción de hidrocarburos, asociación que a la larga podría modificar ecuaciones fundamentales en el sector petrolero y de gas natural de todo el mundo", señala Varadarajan.

Un paso adicional, que ya se contempla, sería un mercado petrolero asiático que comercie en euros. El impacto sobre el sistema financiero internacional y el equilibrio del poder global podría ser de grandes proporciones.

No tiene que causar sorpresa que recientemente el presidente Bush haya hecho una visita a India para tratar de mantenerla en el redil, ofreciendo como señuelo cooperación nuclear y otros incentivos.[1]

---

[1] El 18 de diciembre de 2006, tras recibir la abrumadora aprobación del Congreso, el presidente Bush firmó el Acta de Cooperación Estados Unidos-India para la Energía Atómica con Fines Pacíficos. Como es habitual, y rutinario desde los años Reagan-Gingrich, los títulos de las actas del Congreso están inspirados en Orwell. Éste no es una excepción. La principal propuesta del acta consiste en autorizar de hecho el desarrollo de armas nucleares por parte de India fuera de las restricciones del Tratado de no Proliferación Nuclear. También le ofrece ayuda a ese país para sus programas nucleares, junto con otras recompensas. La iniciativa de Bush fue unilateral (como de costumbre), según informa el especialista en armas nucleares Gary Milhollin, sin la notificación ni la coordinación requeridas con las instituciones internacionales (el Grupo de Proveedores Nucleares, el Régimen de Control de la Tecnología de Misiles) que se han establecido para detener la difusión de armas nucleares y sistemas de disparo. El acuerdo entre Estados Unidos e India viola el "principio cardinal de ambos regímenes": que son "neutrales ante otros países". Washington "ha invitado a otros miembros a actuar de la misma forma —observa Milhollin—, tal vez llevando a cabo "tratos unilaterales con Irán o Pakistán", o con otros países de su elección. Las nuevas iniciativas de Washington para debilitar las barreras contra la guerra nuclear, añade, "puedan acelerar el momento en que una

Mientras tanto, en Latinoamérica, de Venezuela a Argentina, prevalecen los gobiernos de centro izquierda. Las poblaciones indígenas se han vuelto mucho más activas e influyentes, sobre todo en Bolivia y Ecuador, donde quieren que el petróleo y el gas se controlen en su propio país o bien, en algunos casos, se oponen del todo a la producción. Muchos pueblos indígenas aparentemente no comprenden por qué razón su vida, su sociedad y su cultura deben verse alteradas o destruidas para que los neoyorquinos puedan estar sentados en sus camionetas en medio de un embotellamiento.

Venezuela, el principal exportador de petróleo del hemisferio, es probablemente el país latinoamericano que ha forjado la relación más estrecha con China, y está planeando venderle mayores cantidades de petróleo como parte de su esfuerzo por reducir su dependencia del gobierno norteamericano, francamente hostil.

Venezuela se ha integrado al Mercosur, la unión arancelaria sudamericana, jugada que Néstor Kirchner, presidente de Argentina, ha calificado de "un hito" en el desarrollo de este bloque comercial, y que Inácio Lula da Silva, presidente de Brasil, ha acogido como "un nuevo capítulo en nuestra integración".

Aparte de abastecer de gasóleo a Argentina, Venezuela compró casi una tercera parte de la deuda de ese país emitida en 2005,

explosión nuclear destruya una ciudad norteamericana". Las razones, como concedió la secretaria de Estado Rice, eran facilitar las exportaciones por parte de firmas estadunidenses. El interés primordial, sugiere Milhollin, son los aviones militares. El mensaje es que "para Estados Unidos los controles a las exportaciones son menos importantes que el dinero", es decir, que las utilidades para las corporaciones norteamericanas (*Current History*, noviembre de 2006). Poco después se informó que China e India estaban a punto de firmar un pacto similar, que le daría a la segunda "acceso a tecnología nuclear de alto nivel que antes se le había negado". El acuerdo permitiría que India "estuviese equidistante entre Estados Unidos y China", según informó un funcionario indio, mientras que, para los chinos, contribuía a desarrollar la cooperación Rusia-China-India a fin de contrarrestar la hegemonía global de Estados Unidos (Jehangir Pocha, "China and India on verge of nuclear deal", *Boston Globe*, 20 de noviembre de 2006). Mientras tanto el primer ministro indio, Manmohan Singh, le informó al parlamento que "de ninguna manera se trata de permitir que los inspectores norteamericanos anden dando vueltas por nuestras instalaciones nucleares", y el canciller Pranab Mukerjee añadió que "No permitiremos el escrutinio externo ni la interferencia con el programa estratégico", es decir el desarrollo y la prueba de armas nucleares" (Pallava Bagla, "Indo-U. S. nuclear pact in jeopardy", *Science*, 22 de diciembre de 2006).

un elemento del esfuerzo regional por liberar a los países de los controles del Fondo Monetario Internacional luego de cuatro lustros de desastrosa conformidad a las reglas impuestas por las instituciones financieras internacionales dominadas por Estados Unidos.

En diciembre (2005) se dieron más avances hacia la integración sudamericana con la elección en Bolivia de Evo Morales, el primer presidente indígena del país. Rápidamente Morales tomó medidas para cerrar una serie de acuerdos energéticos con Venezuela. *The Financial Times* reportó que "se espera que éstos apuntalen próximas reformas radicales en los sectores económico y energético de Bolivia", que posee enormes reservas de gas, las segundas de Sudamérica, después de Venezuela.

Las relaciones entre Cuba y Venezuela son cada vez más estrechas, basadas en las ventajas comparativas de cada uno. Venezuela provee petróleo a bajo costo y a cambio Cuba organiza programas de alfabetización y salud, enviando a miles de profesionales altamente calificados, maestros y doctores, que trabajan en las zonas más pobres y abandonadas, al igual que en otras partes del Tercer Mundo.

La asistencia médica cubana también es bienvenida en otros lugares. Una de las peores tragedias de los últimos años fue el terremoto registrado en Pakistán en octubre (2005). Además del inmenso número de pérdidas humanas, los sobrevivientes, cuya

Michael Krepon, cofundador del Henry J. Stimson Center [centro privado de investigación sobre relaciones internacionales, con sede en Washington], y destacado especialista en la reducción del peligro nuclear, ha destacado la gravedad de esas acciones. "Ahora que Estados Unidos le ha dado a India acceso sin pasar por los controles nucleares —escribe— otros países harán cola para beneficiarse de la proliferación". La decisión unilateral de Estados Unidos de exceptuar a India de las reglas globales del comercio nuclear "no tiene precedentes", y si los demás "interesados potenciales primarios" del Grupo de Proveedores Nucleares —los cinco miembros permanentes del Consejo de Seguridad— siguen los pasos de Estados Unidos y "ponen las utilidades por delante de la no proliferación", el régimen de ésta sufrirá otro golpe grave. "Por decirlo en términos simples, si desaparecen los controles a la exportación, desaparece también el Tratado de no Proliferación", concluye. "Los altos funcionarios de la administración Bush ven el acuerdo Estados Unidos-India como parte significativa del legado de su gobierno —observa Krepon—. Lamentablemente, puede que tengan razón." Krepon, "The nuclear flock", *Bulletin of the Atomic Scientists,* marzo/abril de 2007.

cifra se desconoce, tienen que afrontar la cruenta temporada invernal con escasez de abrigo, alimentos y asistencia médica.

"Cuba ha proporcionado el contingente más grande de médicos y paramédicos para Pakistán" cubriendo todos los gastos (quizá con fondos venezolanos), escribe John Cherian en *Frontline*, de India, citando el diario pakistaní en lengua inglesa de mayor circulación, *Dawn*.

El presidente de Pakistán, Pervez Musharraf, expresó su "profunda gratitud" a Fidel Castro por el "espíritu y la compasión" de los equipos de médicos cubanos, que, según se dice, comprendían más de mil personas entrenadas, 44% de ellas mujeres, que se quedaron a trabajar en los pueblos remotos de las montañas, "viviendo en tiendas de campaña, en un clima gélido y en medio de una cultura desconocida", después de que los grupos occidentales de ayuda se retiraran.

Los movimientos populares, que van en aumento, sobre todo en el sur pero con participación cada vez mayor de los países industriales ricos, son los que están sirviendo de base para muchos de estos hechos que conducen a una mayor independencia y preocupación por las necesidades de la gran mayoría de la población.

37. LA TEORÍA DE LA "GUERRA JUSTA" Y LA VIDA REAL

5 DE MAYO DE 2006

Acicateada por estos tiempos de invasiones y evasiones, la discusión sobre "la guerra justa" ha tenido un repunte entre los académicos e incluso entre los encargados de formular políticas.

Mientras tanto las acciones en el mundo real con demasiada frecuencia refuerzan la máxima de Tucídides de que "los poderosos hacen lo que pueden, en tanto los débiles sufren lo que deben", lo cual no sólo es incuestionablemente injusto sino que, en el estadio actual de la civilización, representa una amenaza literal para la supervivencia de la especie.

En sus muy encomiadas reflexiones sobre la guerra justa Michael Walzer describe la invasión de Afganistán como "un triunfo de la teoría de la guerra justa", que se presenta, junto con Kosovo, como una "guerra justa". No presenta argumentos y se limita a esa afirmación. En ambos casos, como en el texto completo, sus argumentos descansan decisivamente en premisas como "me parece totalmente justificado" o "yo creo" o "sin duda alguna".

Los hechos se ignoran, aun los más obvios. Tomemos el caso de Afganistán. Cuando se iniciaron los bombardeos, en 2001, el presidente Bush advirtió a los afganos que continuarían hasta que entregaran a los individuos que para Estados Unidos eran sospechosos de terrorismo.

La palabra "sospechosos" es importante. Ocho meses más tarde el director del FBI, Robert S. Mueller III, dijo a los editores y a los reporteros de *The Washington Post* que, después de lo que debe de haber sido la cacería humana más intensa de la historia, "creemos que los cerebros [de los ataques del 11 de septiembre] estaban en Afganistán, en los altos puestos del liderazgo de al-Qaeda. Los conspiradores y otros —los principales— se reunieron en Alemania y tal vez en otros sitios."

Lo que todavía no quedaba claro en junio de 2002 no puede haberse sabido definitivamente en octubre del año anterior, aunque a pocos les cupo duda de que no fuera cierto. Tampoco a mí, por cierto, pero conjetura y evidencia son dos cosas diferentes. Al menos parece justo decir que las circunstancias —y esto no profundiza para nada en ellas— ponen en tela de juicio que el bombardeo a los afganos sea un ejemplo transparente de "guerra justa".

En gran parte ocurrió lo mismo con los bombardeos a Serbia en 1999, como se ha comentado de manera extensa en otros textos. Específicamente, no cabe discusión alguna respecto a que las matanzas y expulsiones en gran escala no fueron la razón del bombardeo, como se adujo constantemente, sino su consecuencia, de hecho su consecuencia anticipada, en oposición a la habitual inversión de los tiempos en los medios de comunicación y, a veces, en los académicos.[1]

Las imputaciones de Walzer —pues no son argumentos— van dirigidas contra blancos sin nombre (dejando de lado calumnias sin base alguna respecto a Edward Said y Richard Falk); por ejemplo contra opositores universitarios que son "pacifistas". Agrega que su "pacifismo" es un "argumento malo", porque piensa que a veces la violencia es legítima.

Tal vez todos estemos de acuerdo en que la violencia a veces es legítima (yo lo estoy), pero "pienso" que difícilmente constituye un argumento avasallador en los casos de la vida real que analiza.

---

[1] Véase la revisión de una amplia evidencia documental en Occidente en mi *A new generation draws the line* (2000), posteriormente actualizado (véanse también *Hegemony or survival* y *Failed states*). Ahora se ha reconocido ya, en los niveles más altos de la administración Clinton, que la razón primordial para el bombardeo no fue "la tragedia de los albaneses kosovares" —como resultó obvio de inmediato a partir de evidencias abrumadoras— sino más bien la "resistencia de Yugoslavia a las tendencias generales de la reforma política y económica", léase los programas neoliberales de Washington. John Norris, *Collision course* (2005).

El prólogo de *Collision course* fue escrito por el superior de John Norris, Strobe Talbott, subsecretario de Estado durante el gobierno de Clinton, encargado especialmente de la planificación en torno a la guerra. Talbott escribe que "gracias a John Norris" quienes estén interesados en la guerra en Kosovo "sabrán [...] cómo veíamos y sentíamos los acontecimientos, en ese momento, quienes estábamos involucrados " en el nivel más alto.

Sobre Afganistán, véase "El 11 de septiembre y la 'era del terror'", nota 1, p. 35.

Lamentablemente, esto es bastante típico cuando se recurre a la "teoría de la guerra justa" para justificar el uso de la violencia por parte de Washington.[2]

Al apelar a la "guerra justa", el contraterrorismo o alguna otra razón, Estados Unidos se exenta de los principios fundamentales del orden mundial, en cuya formulación y aplicación desempeñó el papel principal.

Después de la segunda guerra mundial se instituyó un nuevo régimen de derecho internacional. Sus estipulaciones respecto a las leyes de guerra están contenidas en la Carta de la ONU, las Convenciones de Ginebra y los principios de Nuremberg, adoptados por la Asamblea General. La Carta de la ONU proscribe la amenaza o el uso de la fuerza si no son autorizados por el Consejo de Seguridad o, en los términos del artículo 51, en defensa propia contra un ataque armado, hasta que intervenga el Consejo de Seguridad.

En 2004 un panel de alto nivel de Naciones Unidas, en el que, entre otros, se encontraba Brent Scowcroft, llegó a la conclusión de que

el artículo 51 no necesita ni extensión ni restricción de su ámbito, comprendido desde hace mucho...

En un mundo lleno de amenazas potenciales percibidas, el peligro para el orden mundial y la norma de la no intervención en que sigue fundándose es sencillamente demasiado grande para que sea aceptable la legalidad de la acción unilateral preventiva, que se distingue de la acción colectivamente apoyada. Permitirle a uno que actúe de tal manera significa permitírseles a todos.

La Estrategia de Seguridad Nacional de septiembre de 2002, que se acaba de reiterar en marzo, otorga a Estados Unidos el derecho de llevar a cabo lo que ellos llaman una "guerra anticipada", lo que no significa anticipatoria sino "preventiva", en clara violación de la Carta de la ONU. Es, simple y llanamente, el derecho a cometer una agresión.

---

[2] Para una discusión de las contribuciones del filósofo moral Jean Bethke Elshtain véase *Hegemony or survival*, capítulo 8; se puede encontrar más información en la edición ampliada en línea.

El concepto de agresión fue definido con suficiente claridad por Robert Jackson, juez de la Suprema Corte de Estados Unidos, que fungió como fiscal principal de su país en el tribunal de Nuremberg. El concepto fue reformulado en una resolución definitiva de la Asamblea General. "Agresor" —propuso Jackson al tribunal— es el primero de los estados en cometer acciones tales como la "invasión del territorio de otro estado por sus fuerzas armadas, con o sin declaración de guerra".

Evidentemente esto se aplica a la invasión de Iraq.

Son importantes también las elocuentes palabras del juez Jackson pronunciadas en Nuremberg: "No debemos olvidar nunca que los antecedentes con base en los cuales estamos juzgando a estos acusados son los antecedentes con los cuales la historia nos juzgará mañana. Darles a beber un cáliz emponzoñado es tanto como llevarlo a nuestros propios labios." Y más adelante: "Si ciertos actos en violación de tratados son crímenes, son crímenes independientemente de que los cometan Estados Unidos o Alemania, y no estamos dispuestos a establecer una norma de conducta criminal para los demás que nosotros mismos no permitiríamos que se invocara en nuestra contra."

Para los dirigentes políticos la amenaza de la adherencia a estos principios —y al imperio del la ley en general— es muy seria en verdad. O lo sería si alguien se atreviera a desafiar "a la sola superpotencia despiadada cuyo liderazgo se propone moldear al mundo según su propia y contundente visión del mundo", como escribió Reuven Pedatzur en el principal periódico israelí, *Ha'aretz*, en mayo pasado (2005).

Tengamos presentes dos sencillas verdades. La primera es que las acciones se evalúan en términos de la gama de sus posibles consecuencias. La segunda es el principio de universalidad: nos aplicamos las mismas normas que aplicamos a los demás, si no más estrictas aún.

Aparte de ser las obviedades más simples, estos principios son también los fundamentos de la teoría de la guerra justa, cuando menos de cualquier versión de ella que merezca tomarse en serio. Pero no, lamentablemente, la que presentan algunos de sus defensores más destacados.

38. PARA DESMONTAR EL CONFLICTO NUCLEAR CON IRÁN

15 DE JUNIO DE 2006

La urgencia de detener la proliferación de armas nucleares y proceder a su eliminación no podría ser más apremiante.

No hacerlo tendrá con toda seguridad terribles consecuencias, incluyendo el final del único experimento de la biología con la inteligencia superior. Por peligrosa que sea la crisis, existen medios para disiparla.

El desastre parece inminente en la crisis con Irán y sus programas nucleares. Antes de 1979, cuando el sha estaba en el poder, Washington apoyaba vigorosamente estos programas.

Hoy la afirmación usual es que Irán no necesita energía nuclear y que por lo tanto debe de estar desarrollando un programa de armas secretas. "Para un productor de petróleo en gran escala como Irán la energía nuclear es un uso inútil de recursos", escribió Henry Kissinger en *The Washington Post* el año pasado (2005).

Hace treinta años, sin embargo, cuando Kissinger era secretario de Estado del presidente Gerald R. Ford, sostuvo que "la introducción de la energía nuclear sufragará las necesidades crecientes de la economía iraní y liberará las reservas de petróleo restantes para la exportación o la conversión en productos petroquímicos".

El año pasado (2005) Dafna Linzer, del *Washington Post*, le preguntó a Kissinger acerca de su cambio de opinión. Kissinger respondió con su habitual seductora franqueza: "Era un país aliado", así que tenían una necesidad legítima de la energía nuclear.

En 1976 la administración Ford "respaldó los planes de Irán para erigir una industria de energía nuclear de gran tamaño, pero también se esforzó por firmar un trato multimillonario que le habría dado a Teherán el control de grandes cantidades de plutonio y de uranio enriquecido, los dos caminos que llevan a la bomba nuclear", escribió Linzer. Los principales planificadores de la administración del segundo Bush, que hoy están denunciando estos programas, ocupaban a la sazón puestos clave de seguridad nacional: Dick Cheney, Donald Rumsfeld y Paul Wolfowitz.

Naturalmente los iraníes no están tan dispuestos como los occidentales a tirar la historia a la basura. Saben que Estados Unidos, junto con sus aliados, los han estado atormentando por más de cincuenta años, desde que un golpe de Estados Unidos y el Reino Unido depuso al gobierno parlamentario e instaló al sha, que gobernó con mano de hierro hasta que una rebelión popular lo expulsó en 1979, y recopiló un atroz historial de violaciones a los derechos humanos, ignoradas por los medios, que se enardecieron por las mismas después de derrocada la tiranía sostenida por los norteamericanos.[1]

La administración Reagan apoyó entonces a Saddam Hussein en su invasión a Irán, proporcionándole la ayuda militar y de otra índole que le permitió asesinar a cientos de miles de iraníes (y a kurdos iraquíes). Luego vinieron las severas sanciones del presidente Clinton, seguidas de las amenazas de Bush de atacar Irán... amenazas que son a su vez una grave violación de la Carta de las Naciones Unidas.

El mes pasado (mayo de 2006) la administración Bush aceptó condicionalmente aunarse a sus aliados europeos en pláticas directas con Irán, pero se rehusó a retirar la amenaza de ataque; cualquier oferta de negociación que se presente a punta de pistola carece de sentido. La historia reciente nos brinda aún más motivos para tomar con escepticismo las intenciones de Washington.

En mayo de 2003, según Flynt Leverett, a la sazón funcionario de alto rango del Consejo de Seguridad Nacional de Bush, el gobierno reformista de Mohammad Khatami propuso "un programa para un proceso diplomático diseñado para resolver con amplitud todas las diferencias bilaterales entre Estados Unidos e Irán". Estaban incluidas "las armas de destrucción masiva, una solución de dos estados para el conflicto israelí-palestino, el futuro de la organización Hezbolá de Líbano y la cooperación con la agencia de

---

[1] Véase William A. Dorman y Mansour Farhang, *The U. S. Press and Iran Necessary illusions* (1987). Para más revisiones y contexto general véase Ilusiones necesarias, apéndice V.3.

salvaguardas nucleares de la ONU", reportó *The Financial Times* el mes pasado (mayo de 2006). La administración Bush se rehusó y regañó al diplomático suizo que transmitió la oferta.[2]

Un año después, la Unión Europea e Irán cerraron un trato: Irán suspendería temporalmente el enriquecimiento de uranio y a cambio Europa daría las garantías de que los Estados Unidos e Israel no atacarían a Irán. Al parecer presionada por Estados Unidos, Europa se retractó e Irán reinició sus procesos de enriquecimiento.[3]

Los programas nucleares de Irán, hasta donde se sabe, están dentro de sus derechos en los términos del artículo IV del Tratado de no Proliferación, que otorga a los estados no nucleares el derecho a producir combustible para energía nuclear. La administración Bush alega que el artículo IV debería ser reforzado, y pienso que eso tiene sentido.

Cuando el NPT entró en vigor, en 1970, la brecha entre producir combustible para energía y producir combustible para armas nucleares era considerable. Pero los adelantos tecnológicos han cerrado esta brecha. Sin embargo, cualquier revisión del artículo IV en este sentido tendría que garantizar el acceso irrestricto para uso no militar, en concordancia con la negociación inicial del NPT entre las potencias nucleares declaradas y las naciones no nucleares.

En 2003 Mohamed ElBaradei, director de la Agencia Internacional de Energía Atómica, hizo una propuesta razonable con ese fin: que toda la producción y el procesamiento de material que se pueda emplear en armas esté bajo control internacional, con "la seguridad de que los usuarios legítimos en potencia puedan obtener sus abastecimientos". Éste debería ser el primer paso —propuso— hacia la plena aplicación de la resolución de la ONU de 1993 para un tratado de reducción de material fisible (o FISSBAN). A menos que tal propuesta sea aplicada en el futuro de la supervivencia humana no es brillante.

---

[2] Para detalles más recientes véase Glenn Kessler "2003 memo says Iranian leaders backed talks", *Washington Post*, 14 de febrero de 2007. El texto de la propuesta iraní aparece en el sitio web del *Washington Post*, confirmando la información.

[3] Véase Selig Harrison, "It is time to put security issues on the table with Iran", *Financial Times*, 18 de enero de 2006.

Hoy, esta propuesta ha sido aceptada, que yo sepa, por un solo país: Irán, en febrero (2006), en una entrevista con Alí Larijani, el principal negociador de cuestiones nucleares de Irán.[4]

También en este caso hay una sola forma de descubrir si la postura de Irán es seria: ponerla en práctica. Por lo menos informar de ella, para que resulte posible presionar a Washington a fin de determinar si es seria.

La administración Bush rechaza un FISSBAN verificable, posición en la que está prácticamente solo. En noviembre de 2004 el Comité de Desarme de la ONU votó por un FISSBAN verificable: 147 a 1 (Estados Unidos), con dos abstenciones: Israel y Gran Bretaña. En el debate, el embajador británico señaló que apoya el tratado, pero no vota por él porque esta versión "divide a la comunidad internacional": 147 a 1. Las prioridades del gobierno de Blair relucen claras y brillantes. El año pasado (2005) un voto del pleno de la Asamblea General fue 179 a 2, nuevamente con la abstención de Israel y Gran Bretaña; Palau se unió a los Estados Unidos.

Existen formas para mitigar y probablemente poner fin a estas crisis. La primera es suspender las amenazas, del todo creíbles, de Estados Unidos e Israel, que prácticamente empujan a Irán a desarrollar armas nucleares como disuasorio (y que por cierto, en caso de que a alguien le interese, constituyen una grave violación de la Carta de la ONU).

Un segundo paso sería sumarse al resto del mundo en la aceptación de un tratado FISSBAN verificable, así como a la propuesta de ElBaradei, o a alguna similar.

Un tercer paso sería cumplir con el artículo IV del Tratado Sobre la no Proliferación de las Armas Nucleares, que obliga a los estados nucleares a emprender esfuerzos "de buena fe" para eliminar las armas nucleares, obligación legal vinculante, tal como lo determinó la Corte Mundial. Ninguna de las naciones nucleares ha cumplido esta obligación, pero Estados Unidos lleva con mucho la delantera en su violación.

---

[4] Véase Larijani, entrrevista en una radio francesa, 26 de febrero de 2006. Boletín de prensa, gobierno de Irán, 17 de febrero de 2006. Véase también Gareth Smyth *et al.*, "Iran raises hopes of nuclear settlement", *Financial Times*, 12 de febrero de 2007.

Aun unos cuantos pasos en estas direcciones mitigarían la inminente crisis con Irán. Es importante, ante todo, prestar atención a las palabras de Mohamed ElBaradei: "No hay solución militar para esta situación. Es inconcebible. La única solución duradera es una solución negociada." Y está a nuestro alcance.[5]

---

[5] La primera encuesta importante sobre estas cuestiones (PIPA, febrero de 2007) revela que si Estados Unidos e Irán fuesen sociedades democráticas efectivas, en las cuales la opinión pública influyese en la política, probablemente podrían resolverse las principales cuestiones. Iraníes y norteamericanos coinciden, en general, "sobre casi todos los asuntos importantes relacionados con la proliferación de armas nucleares", revela el estudio; específicamente, sobre el derecho de Irán a tener energía atómica, pero no armas atómicas, la eliminación de todas las armas atómicas y la creación de "una zona libre de armas atómicas en el Medio Oriente que incluyese tanto a los países musulmanes como a Israel". Washington rechaza tajantemente estas posiciones, y cuenta con un fuerte apoyo de ambos partidos. Se trata de un ejemplo más de la enorme brecha que hay entre la opinión pública y la política pública. Al respecto véase *Failed states* y Benjamin Page (con Marshall Bouton), *The foreign policy disconnect* (2006). La "desconexión" abarca también las cuestiones más urgentes de la política nacional.

39. EL GRAN ESPÍRITU DEL PODER

No es fácil seleccionar unos pocos temas de la notable diversidad que constituye la vida y la obra de Edward Said. Me limitaré a dos: la cultura del imperio y la responsabilidad de los intelectuales, o de aquellos a los que llamamos "intelectuales", si tienen el privilegio y los recursos para ingresar a la escena pública.

La frase "responsabilidad de los intelectuales" oculta una ambigüedad crucial: desvanece la distinción entre "deber" y "ser". En términos de "deber", su responsabilidad tendría que ser exactamente la misma que la de cualquier ser humano decente, pero mayor aún. El privilegio representa una oportunidad, y las oportunidades implican responsabilidades morales.

Criticamos debidamente a los intelectuales obedientes de los estados brutales y violentos por su "sumisión conformista a quienes están en el poder". Tomo prestada esta frase de Hans Morgenthau, uno de los fundadores de la teoría de las relaciones internacionales.

Pero Morgenthau no se refería a la clase de los comisarios del enemigo totalitario sino a los intelectuales occidentales, cuyo crimen es mucho peor, porque no pueden aducir miedo, sino sólo cobardía y subordinación al poder. Estaba describiendo lo que "era", no lo que "debía" ser.

La historia de los intelectuales la escriben los intelectuales, así que no es sorprendente que se los retrate como defensores del bien y la justicia, que enarbolan los más altos valores y se enfrentan al poder y el mal con admirable valor e integridad. Pero el pasado revela una imagen bastante diferente.

El patrón de "sumisión conformista" se remonta a los inicios de la historia registrada. El que bebió la cicuta fue el hombre que "corrompió a la juventud de Atenas con falsos dioses", no quienes adoraban a los dioses verdaderos del sistema doctrinario. Gran parte de la Biblia se dedica a quienes condenaron los crímenes de estado y las prácticas inmorales. Se los llama "profetas", dudosa traducción de una palabra incierta. En términos modernos eran "intelectuales disidentes". No es necesario recordar cómo los trataban: fatal, que es lo normal con los disidentes.

En la era de los profetas también había intelectuales sumamente respetados: los aduladores cortesanos. Los evangelios ponen en guardia sobre "los falsos profetas, que vienen a vosotros con disfraces de ovejas, pero por dentro son lobos rapaces. Por sus frutos los conoceréis."

Los dogmas que sostienen la nobleza del poder estatal son casi indestructibles, pese a los errores y fracasos ocasionales que los críticos se permiten condenar. Una verdad dominante fue la que expresó, hace dos siglos, el presidente norteamericano John Adams: "El poder siempre piensa que tiene una gran alma y una visión de gran alcance, que están más allá de la comprensión de los débiles." Ésa es la profunda raíz del salvajismo y la certeza de obrar bien que infecta la mentalidad imperial... y, hasta cierto punto, toda estructura de autoridad y dominio.

Podemos añadir que la reverencia por esa gran alma es la postura normal de las élites intelectuales, que suelen agregar que son las que deberían poseer los mecanismos del poder, o al menos estar cerca de ellos.

Una expresión usual de esta opinión predominante es que hay dos categorías de intelectuales: los "intelectuales de orientación tecnocrática y hacia la política" —responsables, sobrios, constructivos— y los "intelectuales orientados hacia los valores", grupo siniestro que representa un peligro para la democracia ya que "se dedican a denigrar al liderazgo, desafiar a la autoridad y desenmascarar las instituciones establecidas".

Estoy citando un estudio de 1975 de la Comisión Trilateral, integrada por internacionalistas liberales de Estados Unidos, Europa y Japón, que reflexionaban sobre la "crisis de la democracia" que se desarrolló en los sesenta, cuando sectores de la población que solían ser pasivos y apáticos, a los que se denominaba "los intereses especiales", procuraron ingresar al escenario político para expresar sus inquietudes.

Estas iniciativas impropias crearon lo que el estudio llamó "una crisis de democracia", en la cual el funcionamiento correcto del estado se veía amenazado por una "excesiva democracia". A fin de superar esa crisis había que hacer volver a los intereses especiales a su función correcta de observadores pasivos, para que los "intelectuales de orientación tecnocrática y hacia la política" pudiesen llevar a cabo su labor constructiva.

Los intereses especiales disruptivos son mujeres, jóvenes, ancianos, obreros, campesinos, minorías, mayorías... en pocas palabras, la población. Hay un solo interés especial que no se menciona en el estudio: el sector corporativo. Pero tiene sentido. El sector corporativo representa el "interés nacional", y naturalmente no se cuestiona que el poder estatal protege al interés nacional.

Las reacciones a esta peligrosa corriente civilizadora y democratizadora han dejado su huella en la época contemporánea.

Para los que quieren entender qué nos espera, es de primordial importancia observar más de cerca los principios de larga data que animan las decisiones y las acciones de los poderosos, esto es, en el mundo actual, primordialmente Estados Unidos.

Aunque es sólo uno de los tres grandes centros de poder, en el ámbito económico y casi en cualquier otro, rebasa a todas las potencias históricas en su dominación política, en rápida expansión, y en general puede contar con el apoyo de Europa, la segunda superpotencia, y Japón, la segunda economía industrial.

Hay una doctrina clara sobre los contornos generales de la política norteamericana. Prevalece en el periodismo occidental y prácticamente en todo el mundo académico, incluso entre los críticos de la política. El tema principal es el "excepcionalismo norteamericano": la tesis de que Estados Unidos no es como otras grandes potencias, presentes o pasadas, porque tiene un "propósito trascendental": "el establecimiento de la igualdad en materia de libertad en América" y, de hecho, en todo el mundo, puesto que "el terreno dentro del que Estados Unidos debe defender y promover su propósito ha adquirido dimensiones mundiales".

La versión de la tesis que acabo de citar es especialmente interesante debido a su origen: Hans Morgenthau. Pero es una cita de los años de Kennedy, antes de que la guerra de Vietnam estallara en toda su barbarie. La nota anterior es de 1970, cuando su pensamiento ya había pasado a una fase más crítica.

Figuras de la más elevada inteligencia e integridad moral han defendido la postura del "excepcionalismo". Tomemos el ensayo clásico de John Stuart Mill, "Unas palabras sobre la no intervención".

Mill se preguntó si Inglaterra debía intervenir en el desagradable mundo o seguir concentrada en sus propios asuntos y dejar que los bárbaros continuaran con su salvajismo. Su conclusión, matizada y compleja, fue que Inglaterra debía intervenir, aun cuando al hacerlo tendría que soportar el "vilipendio" y las injurias de los europeos, que "buscarán motivos bajos" porque no pueden comprender que Inglaterra es "algo nuevo en el mundo", un poder angelical que no busca nada para sí misma y actúa exclusivamente en beneficio de los demás. Aunque Inglaterra, abnegadamente, carga con los costos de la intervención, comparte los beneficios de sus obras por igual con todos los demás.

El excepcionalismo es casi universal. Sospecho que si tuviéramos registros de Gengis Khan nos encontraríamos con la misma historia.

El principio operativo está copiosamente ejemplificado a lo largo de la historia: la política sólo se ajusta a los ideales expresados cuando también se ajusta a intereses. El término "intereses" no se refiere a los intereses de la población de Estados Unidos sino al "interés nacional", a los intereses de las concentraciones de poder que dominan a la sociedad.

A nadie sorprende que en el artículo "Who influences U. S. foreign policy?", publicado el año pasado en la *American Political Science Review*, Lawrence Jacob y Benjamin Page encuentren que la principal influencia son "las corporaciones de negocios internacionales", aunque existe también un efecto secundario de "expertos" que, según señalan, "puede ser que también estén influidos por los negocios". En cambio la opinión pública tiene "un efecto muy reducido o deleznable en los funcionarios gubernamentales".

En vano podemos buscar evidencias de un entendimiento y habilidades superiores en aquellos que tienen más influencia en la política, aparte de proteger sus propios intereses.

El gran espíritu del poder se extiende más allá del estado, hacia todos los campos de la vida, desde las familias hasta los asuntos internacionales. Éste ha sido el tema rector de los movimientos anarquistas desde sus orígenes en la era moderna, adoptando muchos de los principios del liberalismo clásico.

Uno de los acontecimientos más saludables ocurridos en Europa, a mi modo de ver, junto con los convenios federales y una mayor fluidez que ha traído consigo la Unión Europea, es la devolución del poder estatal, reavivando las culturas y las lenguas tradicionales y un cierto grado de autonomía regional. Estos hechos llevan a algunos a contemplar una futura Europa de regiones, con una autoridad estatal descentralizada.

Encontrar un apropiado equilibrio entre la ciudadanía y el propósito común, por un lado, y la autoridad comunal y la variedad cultural, por el otro, no es sencillo; los interrogantes sobre el control democrático de las instituciones se hacen extensivos también a otras esferas de la vida. Dichos interrogantes deberían tener prioridad para quienes no rinden culto al gran espíritu del poder, quienes quieren salvar al mundo de las fuerzas destructoras que hoy amenazan literalmente la supervivencia, que están convencidos de que es posible vislumbrar una sociedad civilizada más civilizada, e incluso darle vida.

NOTA: Esta columna se adaptó de mi conferencia en memoria de Edward Said pronunciada en la Universidad Norteamericana de Beirut en mayo de 2006. El texto íntegro aparece en *Inside Lebanon: Journey to a shattered land with Noam and Carol Chomsky* (2007).

40. EL LÍBANO VISTO DESDE UN BOMBARDERO

24 DE AGOSTO DE 2006

Está en vigor en Líbano una tregua frágil... una más en una serie de ceses al fuego que ya lleva muchos lustros entre Israel y sus adversarios, en un ciclo que, como si fuera inevitable, vuelve una y otra vez a la guerra, la masacre y la infelicidad humana.

Describamos la crisis actual como lo que es: una invasión norteamericana-israelí de Líbano, con apenas una cínica pretensión de legitimidad. En el trasfondo, como ha ocurrido siempre, está el conflicto palestino-israelí.

Ésta no es la primera vez que Israel invade Líbano para acabar con una supuesta provocación. La más importante invasión israelí de Líbano, con el respaldo de los norteamericanos, fue en 1982. La información y los comentarios periodísticos en Estados Unidos suelen describir la invasión como respuesta al terror palestino, el disparo de cohetes hacia Galilea y cosas por el estilo. Es una vil invención. La Organización de Liberación Palestina (OLP) se estaba adhiriendo rigurosamente a un cese el fuego iniciado por Estados Unidos, pese a los repetidos y muchas veces asesinos ataques de Israel contra Líbano, que deseaban provocar alguna acción que sirviese de pretexto a la invasión que se planeaba. Sólo hubo dos reacciones leves, que se reconocieron como simples advertencias. Luego, en junio de 1982, Israel invadió con un falso pretexto, con el respaldo de la administración Reagan. Dentro de Israel, en los más altos niveles militares y políticos, la invasión, que provocó entre 15 y 20 mil muertos y dejó en ruinas gran parte del país, fue, según Israel, una guerra por la orilla occidental, emprendida para poner fin a los molestos llamamientos a un acuerdo diplomático por parte de la Organización Nacional Palestina.

Pese a que hay muchas circunstancias diferentes, la invasión de julio pasado (2006) presenta el mismo patrón. En este caso el pretexto fue la captura de dos soldados israelíes en un ataque de

Hezbolá, que cruzó la frontera. La crítica occidental más dura de la devastadora invasión norteamericana-israelí consistió en que era "desproporcionada". Pero la reacción es cinismo puro. Desde hace décadas Israel ha venido secuestrando y matando civiles —libaneses y palestinos— en Líbano o en alta mar, reteniéndolos largos periodos en Israel, a veces como rehenes, otras en cámaras secretas de torturas, como el campo 1391.[1]

No hubo razón alguna para que Israel invadiese. Ni para Estados Unidos, que brinda al apoyo necesario para tales acciones.

Lo mismo ocurrió con la fuerte escalada del ataque contra Gaza tras la captura del cabo Gilad Shalit el 25 de junio de 2006. Estados Unidos y sus aliados expresaron una profunda consternación ante tan terrible crimen y, con las reservas usuales respecto a que podía ser algo desproporcionado, le dieron apoyo a la salvaje reacción israelí: por ejemplo, la destrucción de la planta eléctrica para dejar a la población sin energía, agua o eliminación de desechos; los frecuentes vuelos rompiendo la barrera del sonido por la noche, para aterrorizar a los niños; el marcado aumento de muertes de civiles, y mucho más, que hace que ese estado "ya no pueda distinguirse de una organización terrorista", ya que convierte a sus víctimas inermes en "un jardín marchito y desolado, envuelto en pesar y sufrimiento".[2]

La falsedad de la reacción fue aún más transparente que de costumbre. Un día antes, el 24 de junio de 2006, Israel había secuestrado a dos civiles en Gaza, los hermanos Muammar, crimen mucho más serio que capturar a un soldado, y los había llevado a Israel, violando las Convenciones de Ginebra. Desaparecieron en el sistema carcelario israelí, donde hay cerca de mil personas detenidas sin acusación alguna, es decir, secuestradas. En Occidente no hubo ningún a reacción a esa captura del 24 de junio; de hecho, casi pasó desapercibida.

---

[1] Sobre las prisiones, véase Aviv Lavie, "Inside Israel's secret prison", *Haaretz*, 22 de agosto de 2003; Jonathan Cok, "Facility 1391: Israel's Guantanamo", *Le Monde Diplomatique*, noviembre de 2003; y Chris McGreal, "Facility 1391: Israel's secret prison", *The Guardian* (RU), 14 de noviembre de 2003.

[2] Griden, Levy, *Haaretz*, 2 de julio, 18 de agosto (2006). B'Tselem, *Act of vengeance: Israel's bombing of the Gaza power plant and its effects* (septiembre de 2006). Ésta es, por supuesto, la muestra más desnuda.

¿Qué puede romper este círculo? Los lineamientos básicos de una solución para el conflicto palestino-israelí son conocidos, y han sido apoyados por un amplio consenso internacional desde hace treinta años: un asentamiento de dos estados en la frontera internacional, quizá con algunos ajustes menores y mutuos.

Los estados árabes aceptaron formalmente esta propuesta en 2002, tal como lo hicieran mucho antes los palestinos. El líder de Hezbolá, Sayyed Hassan Nasrallah, ha dejado en claro que, aunque esta solución no es la preferida para Hezbolá, no la obstaculizarán. El "líder supremo" de Irán, el ayatolá Khamenei, reafirmó hace poco que también Irán apoya ese acuerdo. Hamas ha hecho saber claramente que también está dispuesto a negociar un acuerdo en esos términos.

Estados Unidos e Israel siguen obstruyendo este arreglo político, tal como han venido haciéndolo desde hace treinta años, con cortas e intrascendentes excepciones. Vivir en la negación puede ser lo que preferimos en este país, pero las víctimas no pueden darse ese lujo.

El rechazo constante de Estados Unidos e Israel no es sólo de palabra, sino, más importante aún, en los hechos. Con el decisivo apoyo de Estados Unidos, Israel ha venido formalizando su programa de anexión, desmembramiento de los territorios palestinos, cada vez más reducidos, y reclusión de lo que queda, al apoderarse del valle del Jordán: el programa de "convergencia" al que asombrosamente en Estados Unidos se le da el nombre de "valiente retiro".

Consecuentemente, los palestinos se enfrentan a la destrucción nacional. El mayor apoyo que reciben es de Hezbolá, que se formó como reacción a la invasión de 1982. Hezbolá adquirió mucho prestigio en 2000, cuando encabezó el esfuerzo por obligar a Israel a salir de Líbano. Además, al igual que otros movimientos islámicos, Hamas incluido, se ha ganado el apoyo popular por prestar servicios sociales a los pobres.

Para los planificadores de Estados Unidos e Israel se sigue entonces que Hezbolá debe ser severamente debilitado o destruido, tal como la OLP tuvo que ser expulsada del Líbano en 1982. Pero Hezbolá está tan íntimamente enraizada en la sociedad libanesa que no puede ser erradicada sin destruir a una gran parte de Líbano también; a eso se debe la escala del ataque contra la población y la infraestructura del país.

Según el conocido patrón, la agresión lo que está haciendo es incrementar marcadamente el apoyo a Hezbolá, no sólo en el mundo árabe y musulmán allende las fronteras sino en el propio Líbano.

A finales del mes pasado (julio de 2006) las encuestas revelaron que el 87% de los libaneses aprueban la resistencia de Hezbolá a la invasión, incluyendo un 80% de cristianos y drusos. Hasta el cardenal Mar Nasrallah Boutros Sfeir, el patriarca católico maronita, líder espiritual del sector más prooccidental del Líbano, se sumó a la declaración de los líderes religiosos sunnita y chiita en la que condenan la "agresión" y saludan a "la resistencia, encabezada sobre todo por Hezbolá". El sondeo también encontró que el 90% de los libaneses consideran que Estados Unidos "es cómplice en los crímenes de guerra cometidos por Israel en contra del pueblo libanés".

Amal Saad-Ghorayeb, el principal estudioso de Hezbolá en Líbano, observa que "estas cifras son tanto más significativas cuando se las compara con los resultados de un sondeo similar realizado hace apenas cinco meses, que reveló que solamente el 58% de los libaneses pensaba que Hezbolá tenía derecho a seguir estando armado y, por ende, a continuar con sus actividades de resistencia".

La dinámica es conocida. Rami G. Khouri, editor del *Daily Star* de Líbano, escribe que "libaneses y palestinos han respondido a los ataques persistentes y cada vez más salvajes de Israel contra poblaciones enteras de civiles creando liderazgos paralelos o alternativos que puedan protegerlos y prestarles los servicios esenciales".

Lo que va a pasar es que estas fuerzas populares van a ganar más poder y a volverse más extremistas si Estados Unidos e Israel persisten en demoler cualquier esperanza de derechos nacionales para los palestinos y en destruir a Líbano.

En la crisis de hoy hasta el rey Abdulá de Arabia Saudí, el más antiguo (e importante) aliado de Washington en la región, se vio forzado a decir: "Si la opción de la paz es rechazada debido a la arrogancia de Israel, entonces sólo queda la opción de la guerra, y nadie sabe qué repercusiones pueda tener en la región, incluyendo guerras y conflictos de los que no se librará nadie, ni siquiera aquellos cuyo poderío militar está tentándolos a jugar con fuego."

No es un secreto que Israel ha ayudado a la destrucción del nacionalismo árabe secular y a la creación de Hezbolá y Hamas, tal como la violencia estadunidense ha propiciado el surgimiento de un fundamentalismo islámico extremista y del terrorismo de la jihad. Es probable que la última aventura cree nuevas generaciones de jihadis rencorosos e iracundos, tal como ocurrió con la invasión a Iraq.

El escritor israelí Uri Avnery observó que el jefe de Estado Mayor israelí Dan Halutz, ex comandante de la fuerza aérea, "mira al mundo desde un bombardero". Lo mismo puede decirse de Rumsfeld-Cheney-Rice y el resto de los principales planificadores de la administración Bush. Como lo revela la historia, mirar el mundo desde esa perspectiva no es raro entre los que esgrimen la mayoría de los medios de violencia.

Saad-Ghorayeb describe la violencia de hoy en "términos apocalípticos", y advierte que es posible que "se abran las puertas del infierno" si la campaña de Estados Unidos e Israel deja "a la comunidad chiita hirviendo de resentimiento contra Israel, Estados Unidos y el gobierno al que percibe como un traidor".

La cuestión medular —el conflicto entre Israel y Palestina— puede abordarse con diplomacia si Estados Unidos e Israel abandonan sus intenciones de rechazar todo arreglo. En la región hay otros problemas de envergadura que se pueden negociar diplomáticamente. No se puede garantizar el éxito. Pero podemos confiar razonablemente en que ver el mundo desde un bombardero sólo traerá más miseria y sufrimientos, quizá hasta en "términos apocalípticos".

41. AMÉRICA LATINA DECLARA SU INDEPENDENCIA

6 DE SEPTIEMBRE DE 2006

Cinco siglos después de la conquista española Sudamérica está reafirmando su independencia. De Venezuela a Argentina, gran parte de la región se está alzando para despojarse de su herencia de dominación externa de los siglos anteriores y de las formas sociales crueles y destructivas que han contribuido a establecer.

Los mecanismos del control imperial —violencia y guerras económicas, que para América Latina no son un recuerdo lejano— están perdiendo su efectividad: señal del viraje hacia la independencia. Washington ahora se ve obligado a tolerar a gobiernos que en el pasado hubiesen provocado una intervención o represalias.

En toda la región un vibrante despliegue de movimientos populares proporciona las bases para una democracia con sentido. Las poblaciones indígenas, como si estuvieran redescubriendo su legado precolombino, son mucho más activas e influyentes, sobre todo en Bolivia y Ecuador.

Estos acontecimientos son, parcialmente, resultado de un fenómeno observado ya desde hace algunos años por especialistas y organizaciones de encuestas en América Latina: cuando los gobiernos electos se volvieron más formalmente democráticos los ciudadanos expresaron una creciente decepción por la forma en que funcionaba la democracia y su "falta de fe" en las instituciones democráticas. Han tratado de construir sistemas democráticos basados en la participación popular, más que en la élite y la dominación extranjera.

El politólogo argentino Atilio Borón ofrece una explicación convincente de la pérdida de fe en las instituciones democráticas existentes; observó que la nueva ola de democratización en América Latina coincidió con las "reformas" económicas ordenadas desde afuera, que socavan la democracia efectiva: el neoliberal "consenso de Washington", en el cual prácticamente todos los elementos debilitan la democracia, y que ha llevado, además, al desastre económico en América Latina, así como en otras regiones que siguieron con toda puntualidad las reglas.

Los conceptos de democracia y desarrollo están estrechamente relacionados en muchos respectos. Uno es que tienen un enemigo común: la pérdida de soberanía. En un mundo de estados-nación, por definición, una pérdida de soberanía conlleva una pérdida de democracia y una pérdida de capacidad para llevar a la práctica políticas sociales y económicas. Esto a su vez afecta el desarrollo, conclusión confirmada por siglos de historia económica.

El mismo registro histórico revela que la pérdida de soberanía invariablemente conduce a una liberalización impuesta, por supuesto en interés de aquellos que tienen el poder para imponer este régimen social y económico. En los últimos años al régimen impuesto suele llamárselo "neoliberalismo". El término no es muy bueno: el régimen socioeconómico no es nuevo, y no es liberal, al menos no como entendían el concepto los liberales clásicos.

En Estados Unidos la fe en las instituciones también ha ido declinando sin cesar, y con razón. Entre la opinión pública y la política pública se ha abierto un enorme abismo del que rara vez se habla, aunque la gente no puede dejar de notar que sus opciones políticas no son tomadas en cuenta.

Resulta instructivo comparar las recientes elecciones presidenciales en el país más rico del mundo y en el país más pobre de América del Sur: Bolivia.

Durante las elecciones presidenciales de 2004 en Estados Unidos los votantes tenían que elegir entre dos candidatos de los niveles más altos de las élites privilegiadas. Sus programas eran similares, congruentes con las necesidades de sus principales electores: la riqueza y el privilegio. Los estudios de opinión revelaron que, en una gran cantidad de temas fundamentales, ambos partidos —sobre todo la administración Bush— están muy a la derecha de la población general. En parte debido a esto se quitan los temas de la plataforma electoral. Pocos votantes conocían siquiera la postura de los candidatos respecto a ciertos asuntos. Los candidatos se empacan y venden como pasta dental, autos y drogas recreativas, y lo hacen las mismas industrias, dedicadas al fraude y al engaño.

En contraste, pensemos en Bolivia y la elección de Evo Morales en diciembre pasado (2005). Los votantes estaban familiarizados con los temas, muy reales e importantes, como el control nacional del gas natural y otros recursos, que tiene aplastante apoyo popular. Los derechos de los indígenas, los derechos de las mujeres, los derechos de la tierra y los derechos del agua están en el programa político, entre muchas otras cuestiones fundamentales que han sido el centro de una lucha constante por parte de las organizaciones populares. La población eligió a alguien de entre sus propias filas, no a un representante de sectores privilegiados cerrados. Fue una participación real, no el simple accionar de una palanca una vez cada tantos años.

La comparación, y no es la única, suscita algunas preguntas acerca de dónde son necesarios programas de "promoción de la democracia".

En el contexto de estos acontecimientos América Latina puede hacer frente a algunos de sus graves problemas internos. La región es conocida por la rapacidad de sus clases pudientes y su indiferencia a la responsabilidad social.

Estudios comparativos sobre el desarrollo económico latinoamericano y del este de Asia son reveladores en este sentido. América Latina tiene prácticamente el peor récord de desigualdad en el mundo, el este de Asia el mejor. Lo mismo puede decirse de la educación, la salud y el bienestar social en general. Las importaciones en América Latina son básicamente para consumo de los ricos; en el este asiático se dirigen a la inversión productiva. La fuga de capitales en América Latina se acerca al monto de la deuda... lo que sugiere una forma de superar esta abrumadora carga. En el este de Asia la fuga de capitales está firmemente controlada.

Las economías latinoamericanas han estado también más abiertas a la inversión extranjera que las asiáticas. Desde los años cincuenta las multinacionales extranjeras han controlado una proporción mucho mayor de la producción industrial en América Latina que en las historias de éxito del este asiático, según la Conferencia de Comercio y Desarrollo de la ONU. El Banco Mundial reportó que en América Latina la inversión extranjera y la privatización han tendido a sustituir otros flujos de capital, transfiriendo el control y enviando las utilidades al exterior, al revés que en el este de Asia.

Entre tanto, los nuevos programas socioeconómicos que están implantándose en América Latina están dando marcha atrás a patrones que se remontan a la conquista española, donde las élites y las economías están vinculadas a las potencias imperiales, pero no entre sí.

Claro está que este giro no es para nada bienvenido en Washington, por las razones de siempre: Estados Unidos ha esperado poder confiar en América Latina como base segura de recursos, mercados y oportunidades de inversión. Y, como han insistido los planificadores, si este hemisferio está fuera de control, ¿cómo puede Estados Unidos esperar resistir a las provocaciones en otras partes?

42. LAS ALTERNATIVAS PARA AMÉRICA

29 DE DICIEMBRE DE 2006

Este mes, la coincidencia de un nacimiento y una muerte marca una transición para América del Sur y, por cierto, también para el mundo.

El ex dictador chileno Augusto Pinochet murió al mismo tiempo que los dirigentes de algunas naciones sudamericanas concluían en Cochabamba, Bolivia, huéspedes del presidente de ese país, Evo Morales, una reunión cumbre cuyos participantes y orden del día representaban la antítesis de Pinochet y su época de estados neonazis de seguridad nacional —sostenidos y en ocasiones instalados por el amo del hemisferio—, de esa plaga de terror, tortura y salvajismo desencadenados que se extendió desde Argentina hasta Centroamérica.

En la Declaración de Cochabamba los presidentes y los enviados especiales de doce países acordaron estudiar la idea de formar una comunidad de proporciones continentales, semejante a la Unión Europea.

La declaración marca otra etapa en los pasos dados recientemente hacia la integración regional de América del Sur, quinientos años después de las conquistas europeas. El subcontinente, de Venezuela a Argentina, puede darle al mundo un ejemplo de la forma de crear una opción futura para un legado de imperio y de terror.

Estados Unidos ha dominado a la región desde hace mucho, recurriendo a dos métodos: la violencia y el estrangulamiento económico. En términos generales, los asuntos internacionales guardan una semejanza más que leve con la mafia. El Padrino no se toma las cosas a la ligera cuando lo hacen enojar, aunque se trate de un humilde tendero... cosa que saben muy bien los latinoamericanos.

Los intentos anteriores de independizarse fueron aplastados, en parte debido a la falta de cooperación regional. Sin ésta, las amenazas pueden manejarse una por una.

Para Estados Unidos el enemigo real ha sido siempre el nacionalismo independiente, en particular cuando amenaza convertirse en un "ejemplo contagioso", por usar la caracterización hecha por Henry Kissinger del socialismo democrático en Chile —curado de la infección el 9 de septiembre de 1973, de la manera antes descrita.

Entre los líderes de Cochabamba estaba la presidenta de Chile, Michelle Bachelet. Igual que Allende, es socialista y médico. También estuvo exiliada y fue prisionera política. Su padre fue un general que murió en prisión después de haber sido torturado.

En Cochabamba Morales y Hugo Chávez, presidente de Venezuela, celebraron una nueva empresa conjunta, un proyecto de separación de gas en Bolivia. Este tipo de cooperación fortalece el papel de la región como jugador prominente en la energía global. Venezuela ya es el único miembro latinoamericano de la OPEP, y posee las reservas probadas más grandes después del Medio Oriente. Chávez contempla la creación de Petroamérica, un sistema energético integrado como el que China está tratando de iniciar en Asia.

El nuevo presidente de Ecuador, Rafael Correa, propuso un enlace terrestre y fluvial desde la selva tropical del Amazonas, en Brasil, hasta la costa del Pacífico en Ecuador: un equivalente sudamericano del canal de Panamá. Entre otros proyectos prometedores está Telesur, un esfuerzo por romper el monopolio occidental de los medios. El presidente de Brasil, Lula da Silva, instó a sus homólogos a superar las diferencias históricas y unir al continente, por ardua que parezca la tarea.

La integración es una premisa para la genuina independencia. La historia colonial —España, Inglaterra, otras potencias europeas, Estados Unidos— no solamente dividió a los países entre sí, sino que también dejó en su seno una profunda división entre una reducida élite adinerada y una masa de personas empobrecidas.

La correlación con la raza es bastante estrecha. Habitualmente la élite adinerada era blanca, europea, occidentalizada, y los pobres eran nativos, indígenas, negros y mestizos. Las élites casi completamente blancas tenían poca interrelación con los demás países de la región, orientadas como estaban hacia el Occidente, y no hacia sus propias sociedades en el sur.

Debido a los nuevos acontecimientos sudamericanos, Estados Unidos se ha visto forzado a hacer ajustes en su política. Los gobiernos que ahora gozan de su apoyo —como el Brasil de Lula— pueden bien haber sido depuestos en el pasado, como ocurrió con el presidente de Brasil João Goulart, en un golpe respaldado por Estados Unidos en 1964.

Los principales controles económicos de los últimos años han venido del Fondo Monetario Internacional, prácticamente un brazo del Departamento del Tesoro. Argentina era el hijo predilecto del FMI... hasta la quiebra de 2001. El país se recuperó, pero rompiendo las reglas del FMI, negándose a pagar sus deudas y liquidando lo que quedaba de la deuda externa, en parte con la ayuda de Venezuela, en otra forma de cooperación.

Brasil, a su propia manera, ha tomado la misma dirección para librarse del FMI. Bolivia había sido un alumno obediente del FMI durante alrededor de 25 años y terminó con un ingreso per cápita más bajo que al empezar. Ahora también Bolivia se está desembarazando del FMI, nuevamente con la ayuda de Venezuela.

En América del Sur Estados Unidos todavía hace una distinción entre los chicos buenos y los chicos malos. Lula es uno de los chicos buenos, Chávez y Morales son los chicos malos.

Para mantener los principios partidistas de Washington, sin embargo, es necesario suavizar algunos hechos. Por ejemplo el hecho de que cuando Lula fue reelegido, en octubre (2006), una de sus primeras acciones fue volar a Caracas para apoyar la campaña electoral de Chávez. También Lula inauguró un proyecto brasileño en Caracas (un puente sobre el río Orinoco) y discutió otros proyectos conjuntos.

Este mes (diciembre de 2006), Mercosur, el bloque comercial sudamericano, continuó el diálogo sobre la unidad de América del Sur en su reunión semestral en Brasil, donde Lula inauguró el Parlamento de Mercosur, otro signo prometedor de liberación de los demonios del pasado.

Las barreras a la integración dual —entre países y dentro de ellos— son imponentes, pero los pasos que se están dando resultan promisorios, muy notablemente porque el papel de los dinámicos movimientos populares de masas están sentando las bases de una democracia auténtica y un cambio social que se necesita desesperadamente.

43. QUÉ ES LO QUE ESTÁ EN JUEGO EN IRAQ

30 DE ENERO DE 2007

En Occidente parte de la información más importante sobre Iraq se ignora o no se menciona. Mientras esta información no se tome en cuenta las propuestas acerca de las políticas estadunidenses en Iraq no serán moral ni estratégicamente sólidas.

Por ejemplo, una de las últimas noticias menos conocidas acerca del torturado territorio iraquí fue de lo más iluminadora: una encuesta levantada en Bagdad, Anbar y Najaf sobre la invasión y sus consecuencias. "Cerca del 90% de los iraquíes sienten que la situación de su país era mejor antes de la invasión encabezada por los norteamericanos que ahora", reportó United Press International acerca del sondeo, realizado en noviembre de 2006 por el Centro de Investigación y Estudios Estratégicos que tiene su base en Bagdad. "Cerca de la mitad de los encuestados estaban a favor de la retirada inmediata de las tropas encabezadas por Estados Unidos", informó *The Daily Star* en Beirut, Líbano. Otro 20% estaba a favor de un retiro progresivo que diera comienzo de inmediato. (Una encuesta del Departamento de Estado norteamericano, también pasada por alto, encontró que dos terceras partes de los habitantes de Bagdad quieren el retiro inmediato.)

Sin embargo, en general los hacedores de políticas no consideran importante la opinión pública —de Iraq, de Estados Unidos o de cualquier otro sitio—, a menos que estorbe las opciones que ellos prefieren. Se trata de una señal más del profundo desprecio que sienten por la democracia los planificadores y sus acólitos, concomitante habitual de esa inundación de elevada retórica que desborda de amor por la democracia y misiones mesiánicas para promoverla.

En Estados Unidos las encuestas arrojan una oposición de la mayoría a la guerra, pero reciben casi nula atención y escasamente intervienen en la planeación de las políticas, o siquiera en la crítica de la misma. La crítica reciente más prominente fue el reporte del Grupo de Estudio Baker-Hamilton sobre Iraq, extensamente aclamado como un valioso correctivo crítico a las políticas de la administración de George W. Bush, que lo desechó de inmediato. Una característica notable del reporte es su falta de interés en la voluntad del pueblo iraquí. Cita algunas de las encuestas sobre el sentimiento de los iraquíes pero sólo en relación con la seguridad del ejército norteamericano. El informe asume implícitamente que las políticas deben estar diseñadas para servir los intereses del gobierno norteamericano y no los de los iraquíes; ni los de los norteamericanos, a los que también se ignora.

El reporte no indaga sobre esos intereses rectores, o sobre el porqué de la invasión de Estados Unidos, o sobre por qué éste le tiene temor a un Iraq libre, soberano y más o menos democrático, aunque no es difícil encontrar las respuestas. Sin duda la verdadera razón de la invasión es que Iraq ocupa el segundo lugar en reservas petroleras en el mundo, de explotación barata, y se encuentra en el corazón de la principal fuente de hidrocarburos del globo. Lo que está en juego aquí no es el acceso a dichos recursos sino su control (y, para las corporaciones energéticas, las utilidades). Como observó el vicepresidente Dick Cheney en mayo pasado (2006), el control de los recursos energéticos proporciona "herramientas de intimidación o de soborno"... a los demás, desde luego.

Enterrada en el estudio está la esperada recomendación de permitir el control corporativo (es decir, de Estados Unidos y el Reino Unido) de los recursos energéticos iraquíes. Según un fraseo más delicado del estudio, "Estados Unidos debería auxiliar a los líderes iraquíes a reorganizar la industria petrolera nacional como empresa comercial, con el fin de mejorar su eficiencia, su transparencia y su rendición de cuentas".

Debido a su sistemática falta de voluntad de discutir estos temas tan manidos, el Grupo de Estudio es incapaz de hacer frente a la realidad de las opciones políticas de Estados Unidos ante la catástrofe que han creado con la invasión, y que ya comentamos.

El punto central del informe Baker-Hamilton es la retirada de la fuerzas norteamericanas de Iraq; más específicamente, su retirada del combate directo, aunque las propuestas iban acompañadas de muchas condiciones y evasivas. En el informe se incluyen unas cuantas palabras que instan al presidente a anunciar que Estados Unidos no pretende tener una presencia militar permanente en Iraq, pero no exige que se ponga fin a la construcción de bases militares, de manera que semejante declaración no tiene muchas posibilidades de que los iraquíes la tomen en serio.

El informe parece dar por sentado (por omisión) que la logística, espina vertebral de todo ejército moderno, debería seguir estando bajo el control estadunidense, y que tienen que permanecer allí unidades de combate para "proteger a las fuerzas" —incluidas las fuerzas de combate de Estados Unidos insertas en las unidades iraquíes— en un país en el cual 60% de la población, y mucho más en el Iraq árabe, donde están acantonadas esas fuerzas, las consideran como un blanco legítimo, incluidos los soldados que están en sus unidades.

Tampoco se analiza el hecho de que Estados Unidos retendrá, desde luego, el control total del espacio aéreo, y por lo tanto puede caer en la tentación de recurrir a las prácticas utilizadas en las últimas etapas de las guerras de Indochina cuando se estaban retirando las tropas, perspectiva ominosa que se discute en un artículo muy importante escrito por dos destacados especialistas en Camboya, Taylor Owen y Ben Kiernan (quien es director del proyecto Genocidio de la Universidad de Yale), "Bombs over Cambodia", *Walrus* (Canadá), octubre de 2006. Es bien sabido que la reducción de las fuerzas terrestres en Vietnam del Sur fue acompañada por la aceleración del bombardeo implacable, sobre todo del norte de Laos y de Camboya. Pero brindan una asombrosa información nueva acerca de la escala y consecuencias de ese bombardeo. Los nuevos datos revelan que el bombardeo de Camboya fue cinco veces mayor que el nivel increíble del que se había informado antes, lo que significa que el bombardeo del campo camboyano superó el total de bombas arrojadas por las fuerzas aliadas en toda la segunda guerra mundial. Los nuevos materiales reafirman considerablemente los cálculos previos respecto al impacto de los bombardeos. En palabras de los autores, "las víctimas civiles en Camboya condujeron a un populacho iracundo a los brazos de una insurgencia que había tenido relativamente poco apoyo hasta que comenzaron los bombardeos, lo que dio inicio [...] al rápido ascenso del Khmer Rojo y, en última instancia, al genocidio". Las órdenes de Nixon para el ataque aéreo fueron transmitidas por Henry Kissinger con las siguientes palabras: "Todo lo que vuele o todo lo que se mueva", que constituyen uno de los llamados al genocidio más explícitos que puedan encontrarse en los archivos de nación alguna. Las órdenes de Kissinger se habían mencionado en el *New York Times* (Elizabeth Becker, "Kissinger tapes describe crises, war, and stark photos of abuse", 27 de mayo de 2004), sin provocar ninguna reacción perceptible. También las horrendas revelaciones nuevas fueron recibidas por el silencio. La nula reacción representa una evidencia adicional de la preocupación real por los camboyanos por parte de quienes, en Occidente, explotaban alegremente sus sufrimientos para su beneficio personal y al servicio del poder, mientras proseguían las atrocidades del Khmer Rojo, sin sugerir siquiera qué hacer al respecto... en notable contraste con su reacción ante matanzas comparables de las cuales tenemos la responsabilidad primordial[1] y a las cuales, por lo tanto, podríamos poner fin.

A la vista de tales antecedentes, no se puede hacer de lado con ligereza la inquietud de Owen y Kiernan acerca de lo que puede acontecer en Irán.

Algunos observadores temen que una retirada norteamericana de Iraq pudiese llevar a una guerra civil declarada y al deterioro del país. En cuanto a las consecuencias de la retirada, tenemos derecho a nuestras propias opiniones, tan poco informadas y tan dudosas como las de la inteligencia de Estados Unidos. pero esas opiniones no tienen importancia. Lo que sí la tiene es lo que piensan los iraquíes. O, mejor dicho, eso es lo que debería contar.

Si se consideran insuficientes los resultados consistentes de muchas encuestas, la cuestión de la retirada podría someterse, incluso, a un referendo realizado bajo supervisión internacional, para minimizar la coerción por parte de las fuerzas de ocupación y de sus clientes iraquíes.

---

[1] Para una revisión de este sórdido episodio de la historia intelectual y muchos otros parecidos, véase Edward Herman y Noam Chomsky, *Manufacturing consent* (1988, actualizado en 2002) y las fuentes citadas, en especial nuestra *Political economy of human rights*, dos volúmenes (1979).

Hoy por hoy, en oposición al reporte Baker-Hamilton (y a la opinión pública norteamericana e iraquí), el plan de Washington es "dispararse": introducir más tropas en Iraq. Pocos analistas militares o especialistas en el Medio Oriente esperan que estas tácticas tengan éxito, pero evidentemente eso no es lo que importa, a menos que coincidamos en que la única cuestión que cabe plantear es si la agresión estadunidense puede alcanzar sus objetivos. Pero nadie debe subestimar la fuerza de una antigua meta de la política exterior norteamericana: mantener el control de los recursos críticos de la región. La auténtica soberanía iraquí no puede ser tolerada por la potencia ocupante, tampoco pueden ésta ni los países vecinos tolerar el deterioro de Iraq, o una potencial guerra regional como secuela.

44. LA GUERRA FRÍA ENTRE WASHINGTON Y TEHERÁN

5 DE MARZO DE 2007

En el Medio Oriente, donde abundan los energéticos, sólo dos países no se han subordinado a las exigencias básicas de Washington: Irán y Siria. Por lo tanto son enemigos, e Irán es, con mucho, el más importante.

Durante la guerra fría la norma era que recurrir a la violencia se justificaba generalmente como una reacción a la influencia maligna del principal enemigo, a menudo con el pretexto más raquítico. No hay que maravillarse de que, mientras Bush envía más tropas a Iraq, surjan historias de interferencias de Irán en los asuntos internos de Iraq, país libre de interferencias externas debido al tácito supuesto de que Washington gobierna al mundo.

En la mentalidad de guerra fría que prevalece en Washington se retrata a Teherán como el pináculo de la llamada media luna chiita, que corre de Irán a Hezbolá, en Líbano, cruzando el sur chiita iraquí y Siria. Así que tampoco hay que maravillarse de que en Iraq el "estallido" y el aumento de provocaciones y acusaciones contra de Irán vayan acompañados de la renuente disposición a asistir a una conferencia de las potencias regionales, con un orden del día que se limita a Iraq.

Cabe presumir que este gesto mínimo de diplomacia tenga la intención de calmar los temores y la ira crecientes provocados por la agresividad acentuada de Washington, con sus fuerzas desplegadas y listas para atacar a Irán y sus permanentes provocaciones y amenazas.

Para Estados Unidos la cuestión principal en el Medio Oriente ha sido y sigue siento el control efectivo de sus incomparables recursos energéticos. El acceso es un asunto secundario. Una vez que el petróleo está en el mar puede ir a donde sea. El control se entiende como un instrumento de dominación global.

La influencia iraní en la "medialuna" pone en entredicho el control de los norteamericanos. Por un accidente geográfico, los principales recursos petroleros del mundo están en su mayoría en las zonas chiitas del Oriente Medio: el sur de Iraq, las regiones adyacentes de Arabia Saudita e Irán, junto, además, con las principales reservas de gas natural. La peor pesadilla de Washington sería una laxa alianza chiita que controlara la mayor parte del petróleo del globo y que fuera independiente de Estados Unidos.

Si surgiera semejante bloque se uniría quizás a la Red de Seguridad Energética de Asia, con sede en China. Irán, que ya tiene el estatus de observador, será admitido como miembro. En junio de 2006 el *South China Morning Post* de Hong Kong informó que "El presidente iraní Mahmoud Ahmadinejad robó cámara en la reunión anual de la Organización de Cooperación de Shangai, cuando invitó al grupo a unirse contra otros países ya que su nación se enfrentaba a las críticas por su programa nuclear." Mientras tanto, el movimiento de los no alineados afirmaba el "derecho inalienable" de Irán de continuar con esos programas, y la red de Seguridad Energética (que incluye a los estados de Asia central) "hizo un llamamiento a que Estados Unidos estableciese una fecha límite para el retiro de las instalaciones militares de todos los estados miembros".[1]

Si los planificadores de Bush logran que se llegue a eso, habrán socavado seriamente la posición de poder de Estados Unidos en el mundo.

Para Washington el principal delito de Teherán ha sido que fuesen desafiantes, desde la época de la deposición del sha, en 1979, y la crisis de los rehenes en la embajada norteamericana. El triste papel que hizo Estados Unidos en Irán en años pasados ha sido eliminado de la historia. En retribución a la rebeldía iraní Washington rápidamente se volvió en busca del apoyo de Saddam Hussein, que atacó a Irán, dejando cientos de miles de muertos y un país en ruinas. Luego vinieron las sanciones homicidas y, con

---

[1] Véanse M. K. Bhadrakumar, "China, Russia welcom Iran into the Fold", *Asia Times*, 18 de abril de 2006. Bill Savadove, "President of Iran calls for unity against West", *South China Morning Post*, 16 de junio de 2006; "Non-aligned nations back Iran's nuclear program", *Japan Economic Newswire*, 30 de mayo de 2006; Edward Cody, "Iran seeks aid in Asia in resisting the West", *Washington Post*, 15 de junio de 2006.

Bush, el rechazo de los esfuerzos diplomáticos de Irán, prefiriendo la amenaza del ataque directo.

En julio pasado (2006) Israel invadió al Líbano, por quinta vez desde 1978. Al igual que antes, el apoyo de Estados Unidos a la agresión constituyó un factor crítico; los pretextos se derrumban con las inspecciones, y las consecuencias para la población libanesa son graves. Entre los motivos para la invasión está que los cohetes de Hezbolá podrían ser una fuerza disuasiva para un posible ataque norteamericano-israelí contra Irán.

Pese a los tambores de guerra, tengo mis dudas de que la administración Bush vaya a atacar a Irán. La opinión pública estadunidense y mundial se opone abrumadoramente. El 75% de los norteamericanos prefieren la diplomacia a las amenazas militares contra Irán y, como ya se señaló, estadunidenses e iraníes coinciden en gran medida acerca de las cuestiones nucleares. Las encuestas realizadas por la organización Un Mañana Libre de Terrorismo revelan que "Pese a una profunda enemistad histórica entre la población persa chiita de Irán y la población predominantemente sunita de sus vecinos étnicamente diversos, árabes, turcos y pakistaníes, la mayor parte de la gente de esos países se inclina más por aceptar a un Irán con armas nucleares que cualquier acción militar estadunidense." Al parecer también el ejército norteamericano y el servicio secreto se oponen a un ataque.

Irán no puede defenderse de un ataque de los norteamericanos, pero puede responder en otras maneras, entre otras incitando a que se produzca más caos en Iraq. Hay quienes emiten advertencias aún más graves, como el respetado historiador militar británico Correlli Barnett, quien escribe que "un ataque a Irán desencadenaría efectivamente la tercera guerra mundial".

La administración Bush ha dejado catástrofes a su paso casi por doquier, desde la Nueva Orleáns posterior al huracán Katrina hasta Iraq. En su desesperación por rescatar algo, la administración puede correr el riesgo de provocar desastres aún mayores.

Mientras tanto tal vez Washington trate de desestabilizar a Irán desde adentro.[2] La mezcla étnica en Irán es compleja; una gran

---

[2] Véase, entre otros, William Lowther y Colin Freeman, "US funds terror groups to sow chaos in Iran", *Sunday Telegraph*, 25 de febrero de 2007.

parte de la población no es persa. Existen tendencias secesionistas
y es probable que Washington esté tratando de agitarlas: en Juzes-
tán, sobre el golfo, por ejemplo, donde se concentra el petróleo
iraní, zona primordialmente árabe, no persa.

Las crecientes amenazas también sirven para presionar a otros
a sumarse a los esfuerzos norteamericanos por estrangular econó-
micamente a Irán, lo cual tuvo éxito en Europa, como era de esperar. Otra consecuencia predecible, probablemente intencional,
es inducir a los dirigentes iraníes a ser todo lo brutales y represivos
que sea posible, fomentando el desorden y tal vez la resistencia, y
al mismo tiempo socavar los esfuerzos de los valientes reformadores iraníes que están protestando acremente contra las tácticas de
Washington. También es necesario satanizar a los dirigentes. En
Occidente cualquier declaración descabellada del presidente iraní, Mahmoud Ahmadinejad, inmediatamente circula en los encabezados, con una traducción dudosa. Pero, como es bien sabido,
Ahmadinejad no controla la política exterior, que está en manos
de su superior, el ayatolá Alí Khamenei, el líder supremo.

Los medios estadunidenses tienden a ignorar las declaraciones
de este último, sobre todo cuando son conciliadoras. Por ejemplo,
cuando Ahmadinejad dice que Israel no debería existir eso aparece
en todas las noticias, pero se guarda silencio cuando Khamenei dice
que Irán "comparte la opinión común de los países árabes sobre la
principal cuestión islámico-árabe: la cuestión de Palestina", lo que
parecería indicar que Irán acepta la postura de la Liga Árabe: la
plena normalización de las relaciones con Israel si acepta el consenso internacional del asentamiento de dos estados que ha sido
obstaculizado casi exclusivamente por Estados Unidos e Israel.[3]

La invasión norteamericana a Iraq prácticamente aleccionó a
Irán para que desarrollara una fuerza disuasiva nuclear. El historiador militar israelí Martin van Creveld escribe que, tras la invasión estadunidense a Iraq, "los iraníes tendrían que estar locos
para no haber tratado de crear armas nucleares". El mensaje
fuerte y claro de la invasión fue que Estados Unidos atacará cuan-

---

[3] Respecto a la declaración de Khamenei, véase "Leader attends memorial cere-
mony marking the 17th departure anniversary of imam Khomeini", 4 de junio de
2006, <http://www.khamenei.ir/EN/News (detail.jsp?id=20060604A>.

do le plazca, mientras el objetivo esté indefenso. Ahora Irán está rodeado por fuerzas militares estadunidenses en Afganistán, Iraq, Turquía y el Golfo Pérsico, y cerca están Pakistán, con armas nucleares, y sobre todo Israel, la superpotencia de la región, gracias al respaldo de Estados Unidos.

Como ya se señaló, los intentos iraníes por negociar las cuestiones fundamentales fueron rechazados por Washington, y al parecer un posible acuerdo entre ambos países fue imposibilitado por la negativa de Washington a retirar sus amenazas de atacar.

Un interés genuino por impedir el desarrollo de las armas nucleares en Irán —y la creciente tensión en la región, como en tiempos de guerra— haría que Washington pusiera en práctica el convenio con la Unión Europea, aceptara negociaciones que realmente tuvieran sentido y se sumara a los demás para promover la integración de Irán al sistema económico mundial, aceptando la opinión pública de Estados Unidos, Irán, las naciones vecinas y prácticamente todo el resto del mundo.

45. LA GUERRA DE LAS TORTILLAS Y EL ORDEN INTERNACIONAL

9 DE MAYO DE 2007

El caos que se deriva del llamado orden internacional es doloroso si uno se encuentra en el extremo receptor del poder que determina la estructura de ese orden.

Hasta las tortillas entran en juego en el nada honroso esquema de las cosas. Hace poco, en muchas regiones de México el precio de la tortilla tuvo un alza de más de 50%. En enero, en la ciudad de México, decenas de miles de trabajadores y campesinos se manifestaron en el Zócalo, la plaza central de la ciudad, para protestar contra el alza en el precio de las tortillas.

En respuesta, el gobierno del presidente Felipe Calderón pactó —con los productores mexicanos y los minoristas— poner un límite al precio de las tortillas y de la harina de maíz, medida que probablemente será temporal.

La amenaza que representa el alza del precio de este producto de primera necesidad para los trabajadores mexicanos y los pobres se debe en parte a lo que podríamos llamar el efecto etanol, una consecuencia de la estampida de Estados Unidos hacia al etanol derivado del maíz como sustituto energético del petróleo, cuyas fuentes principales están, por supuesto, en las regiones que más severamente desafían el orden internacional.

También en Estados Unidos el efecto etanol ha provocado el alza de los precios de una amplia variedad de alimentos, así como de otros cultivos, el ganado y las aves de corral.

La conexión entre la inestabilidad en el Medio Oriente y el costo de alimentar a una familia en América no es directa, claro está. Pero, tal como ocurre con todo el comercio internacional, el poder inclina la balanza. Una meta principal de la política exterior estadunidense ha sido, desde hace mucho, crear un orden global en el que las corporaciones norteamericanas tengan libre acceso al mercado, los recursos y las oportunidades de inversión. A este objetivo suele dársele el nombre de "libre comercio", postura que se derrumba rápidamente cuando la examinamos.

No difiere de lo que Inglaterra, predecesora en la dominación del mundo, imaginó durante la última parte del siglo xix, cuando abrazó el libre comercio, después que 150 años de intervención y violencia habían ayudado a la nación a amasar un poder industrial mucho mayor que el de cualquiera de sus rivales.

Estados Unidos ha seguido en gran medida estas mismas pautas. En general las grandes potencias están dispuestas a aceptar hasta cierto punto el libre comercio cuando están convencidas de que bajo su protección sus intereses económicos se verán favorecidos. Ésta ha sido y sigue siendo una característica principal del orden internacional.

El *boom* del etanol se ajusta a este modelo. Los agroeconomistas C. Ford Runge y Benjamin Senauer hablan al respecto en el último número de *Foreign Affairs*: "la industria del biocombustible ha estado dominada por mucho tiempo, no por las fuerzas del mercado, sino por la política y los intereses de un puñado de grandes compañías", sobre todo por Archer Daniels Midland, el principal productor de etanol. La producción de etanol es factible gracias a los sustanciosos subsidios que recibe del estado y los altísimos aranceles para excluir el etanol brasileño derivado del azúcar, mucho más barato y mucho más eficiente.

En marzo, durante el viaje que realizó el presidente Bush a América Latina, el único logro pregonado fue un acuerdo con Brasil para la producción conjunta de etanol. Sólo que Bush, mientras peroraba su discurso sobre el libre mercado a la manera convencional, insistió vigorosamente en que desde luego perduraría el elevado arancel para proteger a los productores estadunidenses, junto con las múltiples formas en que el gobierno subsidia a la industria.

A pesar de los abultadísimos subsidios agrícolas, financiados por los contribuyentes, el precio del maíz —y de las tortillas— ha ido subiendo rápidamente. Un factor es que los usuarios industriales de maíz importado de Estados Unidos están comprando cada vez más las variedades mexicanas, más baratas, que se utilizan para las tortillas, y esto eleva los precios.

Puede ser que el acuerdo de 1994, el TLCAN, promovido por Estados Unidos, tenga mucho que ver en esto, y vaya teniendo cada vez más. Uno de los impactos del tratado, en un escenario desigual, era que indundaba a México de productos agrícolas exportados con elevados subsidios, lo que alejaba a los productores mexicanos de la agricultura. Carlos Salas, economista mexicano, hace una revisión de datos que muestran que, tras un aumento constante hasta 1993, el empleo en el campo empezó a disminuir cuando el TLCAN entró en vigor, sobre todo entre los productores de maíz, y concluye, junto con otros economistas, que esto es una consecuencia directa del tratado. Una sexta parte de la fuerza laboral del agro mexicano ha sido desplazada durante los años que lleva en vigor el tratado, proceso que continúa, deprimiendo los salarios en otros sectores de la economía y alentando la emigración hacia Estados Unidos. Max Correa, secretario general del grupo Central Campesina Cardenista, estima que "por cada cinco toneladas de productos foráneos que se compran, un campesino se convierte en candidato a la migración".

Con seguridad no es una mera coincidencia que en 1994, al tiempo de la instrumentación del tratado, el presidente Clinton militarizara la frontera con México, antes abierta.

El régimen de "libre comercio" aleja a México de la autosuficiencia y lo empuja a la dependencia alimentaria de las exportaciones estadunidenses. Y a medida que en Estados Unidos aumente el precio del maíz, impulsado por el poder corporativo y la intervención gubernamental, cabe anticipar que el precio de los productos de primera necesidad proseguirá su aguda alza en México.

Cada vez habrá más probabilidades de que los biocombustibles sigan "matando de hambre a los pobres" de todo el mundo —en palabras de Runge y Senauer—, en la medida en que los productos básicos se dediquen a la producción de etanol para los privilegiados; para tomar un ejemplo ominoso sería el caso de la yuca en el África subsahariana. Mientras tanto, en el sudeste de Asia se tumba y quema la selva tropical para el cultivo de palmas aceiteras destinadas al biocombustible. Y en Estados Unidos se hacen presentes los efectos ambientales peligrosos derivados de la de alto rendimiento de etanol a base de maíz.

El elevado precio de la tortilla y otros caprichos más cruentos del orden internacional ilustran la interconexión de los acontecimientos, del Medio Oriente al Medio Oeste, y la urgencia de establecer un comercio entre los pueblos basado en tratados verdaderamente democráticos, y no en los intereses de las corporaciones, voraces ante todo de ganancias, que esperan ser protegidas y subsidiadas por el estado al que dominan en gran parte, cualquiera que sea el costo en términos humanos.

ÍNDICE ANALÍTICO